DIRINGER

Grundwortschatz BGB

W0241519

Reihe
Studienprogramm Recht

Grundwortschatz-BGB

Prof. Dr. jur. Arnd Diringer

BOORBERG

Bibliografische Information der Deutschen Nationalbibliothek | Die Deutsche Nationalbibliothek verzeichnet diese Publikation in der Deutschen Nationalbibliografie; detaillierte bibliografische Daten sind im Internet über www.dnb.de abrufbar.

ISBN 978-3-415-04781-5

© 2018 Richard Boorberg Verlag

Das Werk einschließlich aller seiner Teile ist urheberrechtlich geschützt. Jede Verwertung, die nicht ausdrücklich vom Urheberrechtsgesetz zugelassen ist, bedarf der vorherigen Zustimmung des Verlages. Dies gilt insbesondere für Vervielfältigungen, Bearbeitungen, Übersetzungen, Mikroverfilmungen und die Einspeicherung und Verarbeitung in elektronischen Systemen.

Satz: Thomas Schäfer, www.schaefer-buchsatz.de | Druck und Bindung: Laupp & Göbel GmbH, Robert-Bosch-Straße 42, 72810 Gomaringen

Richard Boorberg Verlag GmbH & Co KG | Scharrstraße 2 | 70563 Stuttgart
Stuttgart | München | Hannover | Berlin | Weimar | Dresden
www.boorberg.de

Vorwort

„Warum nicht gleich einen Grundwortschatz BGB?" Das war der Vorschlag meiner Frau. Und daraus entwickelte sich die Idee, aus einer vorlesungsbegleitenden Übersicht der wichtigsten zivilrechtlichen Definitionen das vorliegende Buch mit nunmehr über 1.500 Begriffen zu machen.

Es soll Studenten ein Nachschlagewerk an die Hand geben, das zugleich das Erlernen grundlegender Definitionen vereinfacht. Die Verknüpfungen (gekennzeichnet durch „→") sollen darüber hinaus den systematischen Zusammenhang zwischen den Begriffsbestimmungen aufzeigen und so das Verständnis für die „Gedankenwelt des BGB" fördern.

Um all diese Ziele zu erreichen, sind die Erläuterungen „nach dem Hauptwort" sortiert. So findet man z. B. alle Definitionen „rund um die Willenserklärung", also etwa zur abhandengekommenen und zur empfangsbedürftigen Willenserklärung ebenso unter diesem Stichwort wie z. B. die Erläuterungen zur Abgabe und zum Zugang *(Willenserklärung, abhandengekommene; – Willenserklärung, empfangsbedürftige; – Willenserklärung, Abgabe einer; – Willenserklärung, Zugang einer).* Die Übersetzung lateinischer Begriffe ist bewusst nicht immer wörtlich, sondern folgt ihrem Gebrauch in den Rechtswissenschaften.

Dass der *Grundwortschatz BGB* nunmehr in dieser Form erscheint, ist ein wesentlicher Verdienst von Herrn Rechtsanwalt Dr. Arnd-Christian Kulow, Lektor im Richard Boorberg Verlag. Ihm sei an dieser Stelle sehr herzlich für sein Engagement, seine fachliche Unterstützung und nicht zuletzt auch für seine Geduld gedankt.

Gewidmet ist der *Grundwortschatz BGB* meiner Frau Julia. Ihr verdanke ich weit mehr als die Idee zu diesem Buch.

Ludwigsburg, 1. September 2018 *Arnd Diringer*

Grundwortschatz BGB
1000 Begriffe des Zivilrechts und ihre Bedeutung

A

Abgabe einer Willenserklärung — Siehe →*Willenserklärung, Abgabe einer.*

Abhandenkommen — Verlust des unmittelbaren →*Besitzes* (→*Besitz, unmittelbarer)* ohne oder gegen den Willen des →*Besitzers.*

Abkömmling — Nachkomme einer natürlichen →*Person* (→ *Person, natürliche*) in gerader Linie (Kinder, Enkel, Urenkel usw.).
Andere Bezeichnung: →*Deszendent.*

Abmahnung — Aufforderung, ein unerwünschtes Verhalten zu ändern. Zumeist die Aufforderung des →*Gläubigers* an den →*Schuldner*, sich vertragsgerecht zu verhalten.

Abmarkung — Errichtung oder Wiederherstellung fester Grenzzeichen zwischen →*Grundstücken*.
Andere Bezeichnung: →*Grenzabmarkung.*

Abnahme — 1. Im Werkvertragsrecht die körperliche Hinnahme des Werks verbunden mit der Anerkennung als (zumindest im Wesentlichen) vertragsgemäße →*Leistung.*
2. Im Kaufrecht die körperliche Entgegennahme der vom Verkäufer bereitgestellten →*Sache.*
3. Allgemein: Verringerung einer Menge.

Abnutzung — Verschlechterung eines →*Gegenstands* durch Gebrauch.

Abschlussfreiheit — Freiheit des →*Rechtssubjekts*, selbst darüber zu entscheiden, ob und mit wem es einen →*Vertrag* schließen möchte. Teil der →*Vertragsfreiheit.*

Abschlussvermittler →*Person*, die den Abschluss eines →*Rechtsgeschäfts* lediglich vermittelt. Sie ist kein →*Vertreter* i. S. d. §§ 164 ff. BGB.

Abschlussvertreter Der zum Abschluss eines →*Rechtsgeschäfts* berechtigte →*Vertreter.*

Abschlussvollmacht Dem →*Vertreter* erteilte Befugnis, für den Vertretenen in dessen Namen einen →*Vertrag* abzuschließen.

Abschlusszwang Rechtliche Verpflichtung, mit einem anderen einen →*Vertrag* abzuschließen.
Andere Bezeichnung →*Kontrahierungszwang.*

Abstammung Biologische Herkunft des Menschen.

Abstraktionsprinzip Besagt, dass die Wirksamkeit des →*Verfügungsgeschäfts* unabhängig von der Wirksamkeit des →*Verpflichtungsgeschäfts* ist.
Siehe auch →*Trennungsprinzip.*

Abtretender Siehe →*Zedent.*

Abtretung Übertragung einer →*Forderung* von dem ursprünglichen →*Gläubiger* (→*Zedent*) durch →*Vertrag* auf einen anderen →*Gläubiger* (→*Zessionar*), vgl. § 398 BGB.
Andere Bezeichnungen: →*Forderungsabtretung;* (lat.) →*Zession.*

Abtretungsempfänger Siehe →*Zessionar.*

Abtretungsverbot Ausschluss der Abtretbarkeit einer →*Forderung* an Dritte. Besteht, wenn die →*Leistung* an einen anderen als den ursprünglichen →*Gläubiger* nicht ohne Veränderung ihres Inhalts erfolgen kann oder wenn sie durch Vereinbarung zwischen →*Gläubiger* und →*Schuldner* ausgeschlossen ist (§ 399 BGB) sowie bei unpfändbaren →*Forderung*en (§ 400 BGB).

accidentalia negotii (lat.) „Nebenbestimmungen zu einem Geschäft". Vereinbarungen in einem →*Vertrag*, die über die →*essentialia negotii* hinausgehen und die für die Wirksamkeit des →*Vertrag*s nicht zwingend erforderlich sind.

Adäquanz (lat.) Angemessenheit.

Adäquanztheorie Theorie zur Bestimmung der Ursächlichkeit. Einschränkung der →*Äquivalenztheorie*. Adäquat-kausal sind nur solche Umstände, die nach dem gewöhnlichen Lauf der Dinge geeignet sind, einen Erfolg der eingetretenen Art herbeizuführen.

Adoption Annahme einer natürlichen →*Person* (→*Person, natürliche*) als Kind, vgl. §§ 1741 ff. BGB. Begründet ohne Rücksicht auf die biologische →*Abstammung* ein rechtliches →*Eltern*-Kind-Verhältnis.
Andere Bezeichnungen: →*Annahme als Kind*, →*Annahme an Kindes statt*.

Affektionsinteresse Bloßer persönlicher Liebhaberwert, der nicht in Geld messbar und daher im Schadensrecht auch nicht zu ersetzen ist.

AG Abkürzung für →*Aktiengesellschaft*.

AGB Abkürzung für →*Allgemeine Geschäftsbedingungen*.

Aggressivnotstand Siehe →*Notstand, aggressiver*.

Aktiengesellschaft Gesellschaft mit eigener Rechtspersönlichkeit, für deren →*Verbindlichkeiten* nur das Gesellschaftsvermögen haftet. Hat ein in Aktien zerlegtes Grundkapital, vgl. § 1 Abs. 2 AktG.
Abkürzung: →*AG*

Aktivvertretung →*Vertretung* auf der Seite des Erklärenden.
Siehe auch →*Passivvertretung*.

Akzessorietät Abhängigkeit eines rechtlichen Umstandes von einem anderen. Entstehung, Bestand sowie Untergang eines akzessorischen Rechts sind von Entstehung, Bestand und Untergang eines anderen Rechts abhängig.

aleatorisch (lat.) alea = Würfel.
Siehe →*Vertrag, aleatorischer*.

aliud (lat.) etwas anderes.

Aliudlieferung Lieferung einer anderen →*Sache* als der geschuldeten.
Andere Bezeichnung: →*Falschlieferung*.

Aliudlieferung bei Gattungsschuld	Liegt vor, wenn die gelieferte →*Sache* einer anderen →*Gattung* angehört.
Aliudlieferung bei Stückschuld	Liegt vor, wenn eine andere als die vereinbarte →*Speziessache* geliefert wird.
Alleinbesitz	Liegt vor, wenn eine →*Person* den →*Besitz an* einer →*Sache* innehat. Anders beim →*Mitbesitz*.
Alleineigentum	Ungeteiltes →*Eigentum* einer einzelnen →*Person* an einer →*Sache*.
Alleinerbe	→*Person*, die allein die →*Gesamtrechtsnachfolge* eines →*Erblassers* antritt.
Allgemeine Geschäftsbedingungen	Siehe →*Geschäftsbedingungen, allgemeine*.
Allgemeiner Teil des Bürgerlichen Gesetzbuchs	Erstes Buch des Bürgerlichen Gesetzbuches (→*Bürgerliches Gesetzbuch*). Enthält allgemeine Vorschriften, die für das gesamte →*BGB* gelten, soweit nicht spezielle Vorschriften eingreifen.
Allgemein-Verbraucherdarlehensvertrag	Gemäß § 491 Abs. 2 S. 1 BGB ein entgeltlicher →*Darlehensvertrag* zwischen einem →*Unternehmer* als Darlehensgeber und einem →*Verbraucher* als Darlehensnehmer, es sei denn, es handelt sich um einen der in § 491 Abs. 2 S. 2 Nrn. 1 bis 6 BGB genannten Fälle. Siehe auch →*Verbraucherdarlehensvertrag*.
Amtshaftung	→*Haftung* des Staates für →*Amtsträger*, § 839 BGB, Art. 34 GG.
Amtsträger	Jemand, der in Ausübung eines ihm anvertrauten öffentlichen Amtes handelt, vgl. Art. 34 GG.
Analogie	Übertragung der für einen oder mehrere Tatbestände im →*Gesetz* vorgesehenen Rechtsfolge auf einen im →*Gesetz* nicht geregelten Fall, der rechtsähnlich ist.
Anderkonto	Konto, das im eigenen Namen und mit eigener Verfügungsmacht treuhänderisch für einen anderen unterhalten wird. Andere Bezeichnung: →*Treuhandkonto*.

Änderungskündigung →*Kündigung* eines →*Dauerschuldverhältnisses*, verbunden mit dem →*Angebot*, das →*Schuldverhältnis* unter anderen Bedingungen fortzusetzen.

Änderungsvertrag →*Vertrag* mit dem die Parteien den Inhalt eines bereits bestehenden →*Vertrags* abändern.

Aneignung Inbesitznahme einer herrenlosen (→*Sache, herrenlose*) beweglichen →*Sache* (→*Sache, bewegliche*) mit dem Ziel, →*Eigentümer* zu werden. Nach § 958 BGB wird durch die Begründung des →*Eigenbesitzes* das →*Eigentum* an der →*Sache* erworben.

Anerkennung der Vaterschaft Siehe →*Vaterschaftsanerkennung*.

Anfall der Erbschaft Siehe →*Erbschaft, Anfall der*.

Anfangsvermögen Das Vermögen, das einem Ehegatten nach Abzug der →*Verbindlichkeiten* beim Eintritt in den →*Güterstand* der →*Zugewinngemeinschaft* gehört, vgl. § 1374 Abs. 1 BGB.

Anfangsvermögen, privilegiertes Siehe →*Erwerb, privilegierter*.

Anfechtbarkeit Möglichkeit, ein →*Rechtsgeschäft* nachträglich durch rechtsgestaltende Erklärung zu vernichten.

Anfechtung Nachträgliche Vernichtung eines →*Rechtsgeschäfts* durch rechtsgestaltende Erklärung.

Anfechtungserklärung Einseitige empfangsbedürftige →*Willenserklärung* (→*Willenserklärung, empfangsbedürftige*), die unzweideutig erkennen lässt, dass ein →*Rechtsgeschäft* rückwirkend beseitigt werden soll.

Anfechtungsfrist →*Frist*, innerhalb derer die →*Anfechtung* erfolgen muss.

Angebot Empfangsbedürftige →*Willenserklärung* (→*Willenserklärung, empfangsbedürftige*), die auf Abschluss eines →*Vertrags* gerichtet ist und alle für den →*Vertrag* wesentlichen Regelungspunkte (→*essentialia negotii*) so bestimmt bezeichnet, dass der →*Erklärungsempfänger* nur noch „Ja" zu sagen braucht. Andere Bezeichnung: →*Antrag*; →*Offerte*; →*Vertragsangebot*.

Angebot, Annahme eines Die in Bezug auf ein →*Angebot* abgegebene →*Willenserklärung*, mit der ein →*Vertrag* begründet wird.

Angebot, Annahme unter Erweiterungen, Einschränkungen oder sonstigen Änderungen Gilt als Ablehnung verbunden mit einem neuen →*Antrag*, § 150 Abs. 2 BGB.

Angebot, Aufforderung zur Abgabe eines Siehe →*invitatio ad offerendum.*

Angebot, verspätete Annahme eines Gilt als neuer →*Antrag*, § 150 Abs. 1 BGB.

Angriff I.S.d. § 227 BGB jede drohende Verletzung rechtlich geschützter Interessen durch einen Menschen.

Angriff, gegenwärtiger I.S.d. § 227 BGB ein →*Angriff*, der unmittelbar bevorsteht, gerade stattfindet oder noch fortdauert.

Angriff, rechtswidriger I.S.d. § 227 BGB jedes Verhalten, das gegen ein rechtliches Ver- oder Gebot verstößt und nicht durch einen →*Rechtfertigungsgrund* ausnahmsweise gestattet ist.

Angriffsnotstand Siehe →*Notstand, aggressiver.*

Annahme Siehe
(1) →*Angebot, Annahme eines*
(2) →*Annahme als Erfüllung (§ 363 BGB)*
(3) →*Annahme an Erfüllungs statt*
(4) →*Annahme als Kind*, →*Annahme an Kindes statt.*
(5) →*Erbschaft, Annahme der*

Annahme als Erfüllung (§ 363 BGB) Setzt ein Verhalten des →*Gläubiger*s voraus, das den Rückschluss zulässt, dass er die →*Leistung* als (zumindest im Wesentlichen) vertragsgemäß ansieht.

Annahme als Kind Siehe →*Adoption.*

Annahme an Erfüllungs statt Annahme einer anderen →*Leistung* als der geschuldeten zum Zwecke der →*Erfüllung* einer Pflicht aus einem →*Schuldverhältnis*; vgl. § 364 Abs. 1 BGB. Siehe auch →*Leistung an Erfüllungs statt.*

Annahme an Kindes statt Siehe →*Adoption.*

Annahme der Erbschaft Siehe →*Erbschaft, Annahme der.*

Annahmefrist →*Frist,* innerhalb derer ein →*Angebot* angenommen (→*Angebot, Annahme eines*) werden kann. Ein →*Angebot*, erlischt, wenn es nicht rechtzeitig angenommen wird, vgl. §§ 145 ff. BGB.

Annahmeverzug Liegt vor, wenn der →*Gläubiger* die →*Erfüllung* des →*Schuldverhältnis*ses durch den →*Schuldner* durch →*Unterlassen* einer notwendigen Mitwirkung, insbesondere der →*Annahme* der vom →*Schuldner* ordnungsgemäß angebotenen →*Leistung,* verhindert, vgl. §§ 293 ff. BGB.
Anderer Begriff: →*Gläubigerverzug.*

Anscheinsvollmacht Eine auf →*Rechtsschein* beruhende →„*Vollmacht*". Liegt vor, wenn der „Vertretene" das wiederholte Handeln des angeblichen →*Vertreter*s zwar nicht kennt, es aber bei pflichtgemäßer Sorgfalt hätte erkennen und verhindern können. Zudem muss der Geschäftsgegner gutgläubig (→*Gutgläubigkeit*) darauf vertraut haben, dass der Handelnde bevollmächtigt ist. Der „Vertretene" wird dann so behandelt, als ob er tatsächlich eine →*Vollmacht* erteilt hätte.

Anspruch Das Recht, von einem anderen ein Tun oder →*Unterlassen* zu verlangen, vgl. § 194 Abs. 1 BGB.

Anspruch, dinglicher →*Anspruch*, der sich aus einem dinglichen Recht (→*Recht, dingliches*), z. B. →*Eigentum* ergibt.

Anspruchsgrundlage Gesetzliche (siehe auch →*Anspruchsnorm*) oder rechtsgeschäftliche Grundlage, durch die eine →*Person* das Recht erhält, von einem anderen ein Tun oder →*Unterlassen* zu verlangen.

Anspruchskonkurrenz Liegt vor, wenn mehrere Ansprüche (→*Anspruch*), die auf demselben Lebenssachverhalt beruhen, selbständig nebeneinanderstehen.

Anspruchsnorm Gesetzliche Regelung, durch die eine →*Person* das Recht erhält, unter den dort genannten Voraussetzungen von einem anderen ein Tun oder →*Unterlassen* zu verlangen.

Anstandsschenkung Unentgeltliche →*Zuwendung*, die nach den sozialen Anschauungen einer auf den Anstand zu nehmenden Rücksicht entspricht. Dazu gehören insbesondere sog. Gelegenheitsgeschenke (z. B. zu Geburtstagen, zur Hochzeit).

Anstifter →*Person*, die beim Haupttäter den Tatentschluss weckt. Steht haftungsrechtlich →*Mittätern* gleich, § 830 Abs. 2 BGB.
Siehe auch →*Beteiligte* (→*Deliktsrecht).*

Antrag Siehe →*Angebot*

Antrag, Aufforderung zur Abgabe eines Siehe →*invitatio ad offerendum.*

Anwachsung Erhöhung des →*Erbteils* eines oder mehrerer vom →*Erblasser* eingesetzter *Erben* infolge des Wegfalls eines →*Miterben*, vgl. § 2094 BGB.

Anwartschaft Aussicht auf Erwerb eines Rechts.

Anwartschaftsrecht Liegt vor, wenn von dem mehraktigen Entstehungstatbestand eines Rechts schon so viele Erfordernisse erfüllt sind, dass der Veräußerer die Rechtsposition des Erwerbers nicht mehr einseitig zerstören kann.

Anzeige Mitteilung eines rechtlich bedeutsamen Vorgangs (vgl. z. B. § 409 BGB).

Äquivalenz (lat.) Gleichwertigkeit.

Äquivalenzinteresse Interesse der Vertragspartner, für die von ihnen jeweils erbrachte →*Leistung* eine deren Wert entsprechende (= äquivalente) →*Gegenleistung* zu erhalten.

Äquivalenztheorie Theorie zur Bestimmung der Ursächlichkeit. Danach ist jede Bedingung ursächlich, die nicht hinweggedacht werden kann, ohne dass der konkrete Erfolg entfiele (→*conditio sine qua non*). Andere Bezeichnung: →*Bedingungstheorie.*

Arbeitgeber Natürliche (→*Person, natürliche*) oder juristische →*Person* (→*Person, juristische*), die mindestens einen (anderen) Menschen (→*Arbeitnehmer*) in einem →*Arbeitsverhältnis* beschäftigt.

Arbeitnehmer
Natürliche →*Person* (→*Person, natürliche*), die auf Grund eines privatrechtlichen →*Vertrags* im Dienste eines anderen (→*Arbeitgeber)* zur Leistung weisungsgebundener, fremdbestimmter Arbeit in persönlicher Abhängigkeit verpflichtet ist; vgl. § 611a BGB.

Arbeitsverhältnis
Gesamtheit der Rechtsbeziehungen zwischen →*Arbeitnehmer* und →*Arbeitgeber.*

Arbeitszeugnis
Schriftliche Bescheinigung des →*Arbeitgeber*s über Dauer, Inhalt und Verlauf des →*Arbeitsverhältnisses*; vgl. § 109 GewO.

argumentum a majore ad minus
(lat.) Schluss vom Größeren auf das Kleinere.
In der juristischen Methodenlehre Bezeichnung für eine Schlussfolgerung, die vom „Größeren" auf das „Kleinere" schließt. Was für das „Größere" gilt, muss erst recht für das „Kleinere" gelten.
Siehe auch →*Erst-Recht-Schluss.*

argumentum a minori ad maius
(lat.) Schluss vom Kleineren auf das Größere.
In der juristischen Methodenlehre Bezeichnung für eine Schlussfolgerung, die vom „Kleineren" auf das „Größere" schließt. In einer enger gefassten Regelanordnung ist die weitergehende Anordnung enthalten.
Siehe auch →*Erst-Recht-Schluss.*

argumentum e contrario
(lat.) →*Umkehrschluss*-Argument.
Besagt, dass mit der Verknüpfung einer bestimmten Rechtsfolge an einen bestimmten Tatbestand diese Rechtsfolge für andere (auch rechtsähnliche) Tatbestände nicht gelten soll. Der Umkehrschluss ist das „Gegenstück" zur →*Analogie.*

Artvollmacht
Siehe →*Gattungsvollmacht.*

Aszendent
Von ascendere (lat.) = aufsteigen.
Vorfahre eines Menschen, mit dem eine →*Verwandtschaft in gerader Linie* besteht.

Aufforderung zur Abgabe eines Angebots
Siehe →*invitatio ad offerendum.*

Aufforderung zur Abgabe eines Antrags Siehe →*invitatio ad offerendum.*

Aufgabe des Eigentums Siehe →*Eigentumsaufgabe.*

Aufgebot Öffentliche, zumeist gerichtliche Aufforderung zur Anmeldung von Rechten, um Rechtsnachteile zu vermeiden.

Aufhebung der Ehe Siehe →*Eheaufhebung.*

Aufhebungsvertrag →*Vertrag* über die einvernehmliche Beendigung eines zwischen den Parteien bestehenden →*Schuldverhältnis*ses (zumeist eines →*Dauerschuldverhältnis*ses) zu einem bestimmten →*Termin.*
Andere Bezeichnung: →*contrarius consensus.*

Auflage 1. Eine einer →*Schenkung* hinzugefügte Bestimmung, durch die der Begünstigte zu einer bestimmten →*Leistung* verpflichtet wird, die dem Zuwendungsgegenstand zu entnehmen ist, vgl. § 525 BGB
2. Eine vom *Erblasser* in einer →*Verfügung von Todes wegen* angeordnete Leistungsverpflichtung des →*Erbe*n oder →*Vermächtnisnehmer*s, vgl. § 1940 BGB.

Auflassung Die zur Übertragung des →*Eigentum*s an →*Grundstück*en gemäß § 873 BGB erforderliche Einigung zwischen Veräußerer und Erwerber. Muss gemäß § 925 BGB bei gleichzeitiger Anwesenheit beider Teile vor einer zuständigen Stelle erklärt werden.

Auflassungsvormerkung Eine zur Sicherung des →*Anspruch*s auf Übertragung des →*Eigentum*s an einem →*Grundstück* gerichtete →*Vormerkung* im →*Grundbuch*, vgl. § 883 BGB.

Aufrechnung →*Tilgung* gegenseitiger →*Forderung*en bei Bestehen einer →*Aufrechnungslage* durch eine einseitige empfangsbedürftige →*Willenserklärung* (→*Willenserklärung, empfangsbedürftige*), vgl. §§ 387 ff. BGB.

Aufrechnungserklärung Einseitige, empfangsbedürftige →*Willenserklärung* (→*Willenserklärung, empfangsbedürftige*) durch die der Aufrechnungswille zum Ausdruck kommt.

Aufrechnungslage Liegt gemäß § 387 BGB vor, wenn zwei →*Person*en einander →*Leistung*en schulden, die ihrem Gegenstand nach gleichartig sind. Die →*Forderung* des Aufrechnenden muss dabei wirksam, fällig (→*Fälligkeit*) und durchsetzbar sein, die →*Forderung* des Aufrechnungsgegners erfüllbar.

Aufrechnungsvertrag Dinglicher →*Vertrag*, der zwei sich gegenüberstehende →*Forderung*en zum Erlöschen bringt. Anders als bei der (einseitigen) →*Aufrechnung* müssen die (weiteren) Voraussetzungen einer →*Aufrechnungslage* nicht vorliegen.

Auftrag 1. Siehe →*Auftragsvertrag*.
2. Bei der →*Geschäftsführung ohne Auftrag* jeder verpflichtende →*Vertrag* (also nicht nur ein →*Auftragsvertrag* i. S. d. § 662 BGB).

Auftragsvertrag Unvollkommen zweiseitig verpflichtender →*Vertrag* (→*Vertrag, unvollkommen zweiseitig verpflichtender*) durch den sich der Beauftragte verpflichtet, ein ihm vom Auftraggeber übertragenes Geschäft für diesen unentgeltlich zu besorgen, vgl. § 662 BGB.

Aufwendung Freiwillige Aufopferung von Vermögenswerten zur Erreichung eines bestimmten Zwecks.

Aufwendungen, frustrierte →*Aufwendung*en, die infolge eines schädigenden Ereignisses nutzlos geworden sind.

Aufwendungsersatz Erstattung von freiwilligen Vermögensopfern (→*Aufwendung*), die eine →*Person* im Interesse einer anderen freiwillig erbracht hat.
Andere Bezeichnung: →*Aufwendungserstattung*.

Aufwendungserstattung Siehe →*Aufwendungsersatz*.

Auktion Siehe →*Versteigerung*.

Ausfallhypothek →*Hypothek*, die den *Gläubiger* für den Fall sichert, dass er aus der →*Hypothek* an einem anderen →*Grundstück* nicht oder nicht vollständig befriedigt wird.

Ausgleich des Zugewinns Siehe →*Zugewinnausgleich*.

Aushandeln (§ 305 Abs. 1 S. 3 BGB) Setzt voraus, dass der Verwender die in seinen AGB enthaltenen Inhalte ernsthaft zur Disposition stellt und dem Verhandlungspartner die reale Möglichkeit einräumt, die inhaltliche Ausgestaltung der Vertragsbedingungen zu beeinflussen.

Auskunft Mitteilung von →*Tatsache*n oder rechtlichen Gegebenheiten.

Auskunftspflicht Verpflichtung zur Mitteilung von →*Tatsache*n oder rechtlichen Gegebenheiten (vgl. z. B. § 666 BGB).

Auslegung Ermittlung des Sinngehalts einer gesetzlichen Regelung, eines Rechtsbegriffs, einer →*Willenserklärung* oder eines sonstigen Umstands.

Auslegung eines Vertrags Ermittlung des Sinngehalts eines →*Vertrag*s. Verträge sind gemäß § 157 BGB so auszulegen, wie →*Treu und Glauben* unter Berücksichtigung der →*Verkehrssitte* es erfordern.
Andere Bezeichnung: →*Vertragsauslegung*.

Auslegung von Gesetzen Ermittlung des Sinngehalts einer gesetzlichen Regelung.
Andere Bezeichnung: →*Gesetzesauslegung*.

Auslegung von Gesetzen, teleologische Ermittlung des Sinngehalts einer gesetzlichen Regelung anhand des Sinn und Zwecks der Vorschrift.

Auslegung von Gesetzen, verfassungskonforme Ermittlung des Sinngehalts einer gesetzlichen Regelung dergestalt, dass von mehreren möglichen Auslegungsmöglichkeiten keine gegen die Verfassung verstoßende gewählt werden darf.

Auslegung von Willenserklärungen Ermittlung des Sinngehalts einer →*Willenserklärung*. Richtet sich gemäß § 133 BGB nach dem wirklichen Willen des Erklärenden.

Auslegung contra legem →*Auslegung von Gesetzen* gegen den Wortlaut.

Auslegung, historische Ermittlung des Sinngehalts einer gesetzlichen Regelung anhand ihrer geschichtlichen Entstehung und Entwicklung.

Auslegung, richtlinienkonforme Ermittlung des Sinngehalts einer nationalen gesetzlichen Regelung, die auf einer EU-Richtlinie beruht, dergestalt, dass sie den Vorgaben der Richtlinie gerecht wird.

Auslegung, sprachlich-grammatikalische Ermittlung des Sinngehalts einer Norm anhand der sprachlichen Fassung, insbesondere der vom Gesetzgeber gewählten Begriffe.

Auslegung, systematische Ermittlung des Sinngehalts einer gesetzlichen Regelung durch Heranziehung des Kontexts, in der die auszulegende Vorschrift steht.

Auslobung Aussetzung einer Belohnung für die Vornahme einer →*Handlung*, insbesondere für die Herbeiführung eines Erfolgs durch öffentliche Bekanntmachung, vgl. § 657 BGB.

Ausschlagung der Erbschaft Siehe →*Erbschaft, Ausschlagung der.*

Ausschlussfrist →*Frist*, nach deren Ablauf die Geltendmachung eines →*Anspruch*s oder die Ausübung eines sonstigen →*Recht*s ausgeschlossen ist.
Andere Bezeichnung: →*Präklusivfrist*; →*Verfallfrist.*

Außenvollmacht Die gegenüber dem Geschäftspartner erteilte →*Vollmacht*, vgl. § 167 Abs. 1 Alt. 2 BGB.

Ausspielvertrag →*Vertrag*, den ein →*Unternehmer* mit einer Mehrheit von Spielern schließt und in dem er verspricht, gegen einen Einsatz (zumeist in Geld) Gewinne, die nicht in Geld bestehen (sonst →*Lotterievertrag*), an die nach Maßgabe eines Spielplans ermittelten Gewinner zu zahlen, vgl. § 763 BGB.

Ausstattung Nach der →*Legaldefinition* des § 1624 Abs. 1 BGB das, was einem Kind mit Rücksicht auf seine Verheiratung, auf seine Begründung einer Lebenspartnerschaft oder auf die Erlangung einer selbständigen Lebensstellung zur Begründung oder zur Erhaltung der Wirtschaft oder der Lebensstellung von dem →*Vater* oder der →*Mutter* zugewendet wird.

Austauschvertrag Siehe →*Vertrag, synallagmatischer.*

B

Barzahlung Zahlung durch →*Übereignung* von Geldscheinen und/oder -münzen gemäß §§ 929 ff. BGB in der geschuldeten Währung und Höhe.

Basiszinssatz Variabler gesetzlicher Zinssatz, der zweimal jährlich zum 1. Januar und zum 1. Juli neu festgesetzt wird. Die Berechnung ist in § 247 BGB geregelt.

Bedeutungsirrtum Siehe →*Verlautbarungsirrtum*.

Bedingung Die einem →*Rechtsgeschäft* hinzugefügte Bestimmung, dass die Rechtswirksamkeit dieses Geschäfts von einem zukünftigen, ungewissen Ereignis abhängen soll, vgl. §§ 158 ff.

Bedingung, auflösende Die Rechtswirkungen entfallen mit Eintritt der →*Bedingung*, vgl. § 158 Abs. 2 BGB.
Andere Bezeichnung: →*Resolutivbedingung*.

Bedingung, aufschiebende Die gewollten Rechtswirkungen treten erst mit Eintritt der →*Bedingung* ein, vgl. § 158 Abs. 1 BGB.
Andere Bezeichnung: →*Suspensivbedingung*.

Bedingungsfeindlichkeit Siehe →*Rechtsgeschäft, bedingungsfeindliches*.

Bedingungstheorie Siehe →*Äquivalenztheorie*.

Beendigung der Ehe Siehe →*Ehe, Beendigung der*.

Beerdigungskosten Kosten einer der Lebensstellung des →*Erblassers* entsprechenden, angemessenen (= standesgemäßen) Bestattung. Gehören zu den →*Nachlassverbindlichkeiten*.

Beförderungsvertrag →*Werkvertrag* über die Beförderung von natürlichen →*Personen* (→*Person, natürliche*) oder Gegenständen (→*Gegenstand*).
Siehe auch →*Personenbeförderungsvertrag*.

Befreiungsanspruch Siehe →*Freistellungsanspruch*.

Befriedigung →*Erfüllung* eines →*Anspruchs*.

Befristung Liegt vor, wenn für ein →*Rechtsgeschäft* ein Anfangs- oder ein Endtermin vorgesehen ist, vgl. § 163 BGB.

Beglaubigung Bestätigung der Echtheit einer →*Unterschrift* oder der Wiedergabe eines Schriftstücks (z. B. Kopie, Abschrift) durch eine Amtsperson (z. B. Notar).

Begleitname Dem →*Ehenamen* vorangestellter oder angefügter →*Geburtsname* oder zur Zeit der Erklärung über die Bestimmung des →*Ehenamens* geführter →*Name* eines Ehegatten, der nicht →*Ehename* wird, vgl. § 1355 Abs. 4 BGB.

Behandlungsvertrag Unterfall des →*Dienstvertrags*, bei dem der Behandelnde zur →*Leistung* der versprochenen medizinischen Behandlung und der Patient zur Gewährung der vereinbarten Vergütung verpflichtet ist, soweit nicht ein Dritter zur Zahlung verpflichtet ist, § 630a Abs. 1 BGB.

Behauptung Nachdrückliche Aussage über eine wahre oder unwahre →*Tatsache* als Ausdruck eigenen Wissens oder eigener Überzeugung.

Beiwohnung In der Rechtssprache gebräuchlicher Begriff für Geschlechtsverkehr.

Beklagter Prozesspartei, gegen die sich die Klage richtet.

Berechnungsirrtum Siehe →*Kalkulationsirrtum.*

Bereicherung →*Handlung* (i. d. R. eine Vermögensverschiebung), die zur Vermögensmehrung einer →*Person* führt.

Bereicherung, aufgedrängte →*Bereicherung*, die ohne oder sogar gegen den Willen des Empfängers erfolgt.

Bereicherung, ungerechtfertigte Eine auf Kosten eines anderen ohne rechtlichen Grund erlangte Vermögensmehrung, vgl. § 812 BGB.

Bereicherung, Wegfall der Siehe →*Entreicherung.*

Bereicherungsanspruch →*Anspruch* auf Herausgabe einer ungerechtfertigten →*Bereicherung* (→*Bereicherung, ungerechtfertigte*).

Bereicherungsrecht Bestimmungen der §§ 812 ff. BGB, die den Ausgleich ungerechtfertigter Vermögensverschiebungen regeln.

Berichtigung Korrektur einer nicht mit der tatsächlichen Rechtslage übereinstimmenden Angabe.

Berichtigung des Grundbuchs Siehe →*Grundbuchberichtigung*.

Berliner Testament Siehe →*Testament, Berliner*.

Beschaffenheit Alle physischen Merkmale eines →*Gegenstand*s sowie die ihm sonst anhaftenden →*Eigenschaften* (z. B. Alter).

Beschaffenheitsgarantie →*Garantie*, dass eine →*Sache* zum Zeitpunkt des →*Gefahrübergang*s eine bestimmte →*Beschaffenheit* aufweist, vgl. § 443 Abs. 1 BGB.

Beschwerter →*Erbe* oder →*Vermächtnisnehmer*, der den →*Anspruch* eines →*Vermächtnisnehmers* oder eine →*Auflage* erfüllen muss.

Besitz Tatsächliche Herrschaft einer →*Person* über eine →*Sache*, getragen von einem natürlichen →*Besitzwille*n, vgl. § 854 Abs. 1 BGB.

Besitz, fehlerhafter Der durch verbotene Eigenmacht (→*Eigenmacht, verbotene*) erlangte →*Besitz*, vgl. § 858 Abs. 2 S. 1 BGB.

Besitz, mittelbarer Eine durch die unmittelbare →*Sachherrschaft* eines Dritten, des →*Besitzmittler*s, vermittelte tatsächliche Beziehung einer →*Person* zu einer →*Sache*, vgl. § 868 BGB.

Besitz, unmittelbarer Ausübung der tatsächlichen Gewalt über eine →*Sache*, vgl. § 854 BGB.

Besitzdiener →*Person*, die die tatsächliche Gewalt über eine →*Sache* für einen anderen im Rahmen eines Abhängigkeitsverhältnisses weisungsgebunden ausübt, vgl. § 855 BGB.

Besitzentziehung Dem bisherigen →*Besitzer* wird die tatsächliche →*Sachherrschaft* dauerhaft entzogen.

Besitzer Derjenige, der die tatsächliche →*Sachherrschaft* getragen von einem natürlichen →*Besitzwillen* ausübt, vgl. § 854.

Besitzer, bösgläubiger →*Besitzer*, der weiß oder infolge grober →*Fahrlässigkeit* (→*Fahrlässigkeit, grobe*) nicht weiß, dass er kein →*Recht zum Besitz* hat.

Besitzkehr Selbsthilferecht des →*Besitzer*s, dem der →*Besitz* durch verbotene Eigenmacht (→*Eigenmacht, verbotene*) entzogen wurde, vgl. § 859 Abs. 2 und 3 BGB.

Besitzkonstitut Siehe →*Besitzmittlungsverhältnis*.

Besitzmittler →*Person*, die aufgrund eines →*Besitzmittlungsverhältnis*ses unmittelbaren →*Besitz* an einer →*Sache* hat und mit Besitzmittlungswillen den →*Besitz* für den mittelbaren →*Besitzer* (→*Besitz, mittelbarer*) vermittelt.

Besitzmittlungsverhältnis →*Rechtsverhältnis* zwischen dem unmittelbaren (→*Besitz unmittelbarer*) und dem mittelbaren →*Besitzer* (→*Besitz, mittelbarer*), das den unmittelbaren →*Besitzer* gegenüber dem mittelbaren →*Besitzer* auf Zeit zum →*Besitz* berechtigt oder verpflichtet, vgl. § 868 BGB.
Andere Bezeichnung: →*Besitzkonstitut*.

Besitzrecht 1. Recht des →*Besitzer*s gegenüber dem →*Eigentümer*, die tatsächliche Herrschaft über eine →*Sache* auszuüben.
Andere Bezeichnung: →*Recht zum Besitz*.
2. Bezeichnung für die Gesamtheit der den →*Besitz* betreffenden rechtlichen Vorgaben.

Besitzschutz Gesetzliche Regelungen, die den →*Besitzer* gegen unrechtmäßige Entziehung (→*Besitzentziehung*) oder Störung (→*Besitzstörung*) des →*Besitzes* schützen.

Besitzschutz, petitorischer Ansprüche (→*Anspruch*), die aus dem „besseren Recht“ zum →*Besitz* folgen, vgl. § 1007 Abs. 1 und 2 BGB.

Besitzschutz, possessorischer Ansprüche (→*Anspruch*), die aus dem (früheren) →*Besitz* folgen. Sie stehen dem →*Besitzer* unab-

	hängig davon zu, ob der →*Besitz* berechtigt oder unberechtigt ist bzw. war, vgl. §§ 861, 862 BGB.
Besitzstörung	Beeinträchtigung des →*Besitz*es durch verbotene Eigenmacht (→*Eigenmacht, verbotene*) in anderer Form als durch →*Besitzentziehung*, vgl. §§ 862 BGB.
Besitzwehr	Recht des →*Besitzer*s, sich verbotener Eigenmacht (→*Eigenmacht, verbotene*) mit Gewalt zu erwehren, vgl. § 859 BGB.
Besitzwille	Der auf Erlangung oder Erhaltung des →*Besitz*es gerichtete natürliche Wille.
Bestandteil einer Sache	Siehe →*Sache, Bestandteil einer.*
Bestandteil, wesentlicher	Siehe →*Sache, wesentlicher Bestandteil einer.*
Besteller	Im Rahmen der § 631 ff. BGB der →*Gläubiger* der geschuldeten Werkleistung.
Bestimmtheitsgrundsatz	Besagt, dass bei der →*Übereignung* von →*Sache*n sowie der Übertragung von →*Forderung*en konkret bestimmt sein muss, welche →*Sache* übereignet bzw. welche →*Forderung* übertragen werden soll.
Beteiligte (Deliktsrecht)	Oberbegriff für →*Anstifter* und →*Gehilfe*n im →*Deliktsrecht.* Sie stehen →*Mittäter*n haftungsrechtlich gleich, vgl. § 830 Abs. 2 BGB.
Beteiligungsdarlehen	Siehe →*Darlehen, paritätisches.*
Betreuung	Staatliche Fürsorge für Volljährige (→*Volljährigkeit*), die aufgrund einer psychischen Krankheit oder einer körperlichen, geistigen oder seelischen Behinderung ihre Angelegenheiten ganz oder teilweise nicht besorgen können, durch einen vom Vormundschaftsgericht bestellten Betreuer, vgl. §§ 1896 ff. BGB.
Betreuungsunterhalt	Nachehelicher →*Unterhalt* (→*Unterhalt, nachehelicher*), der wegen der Pflege oder Erziehung eines gemeinschaftlichen Kindes zu leisten ist, vgl. § 1570 BGB.

Betrieb Organisatorische Einheit, innerhalb derer der Unternehmer allein oder zusammen mit seinen →*Arbeitnehmer*n mit Hilfe von technischen oder immateriellen Mitteln bestimmte arbeitstechnische Zwecke fortgesetzt verfolgt.

Betriebsgefahr Die mit dem Betrieb einer →*Sache* verbundene Gefahr eines Schadenseintritts (→*Schaden*).

Betriebsübergang Rechtsgeschäftlicher Übergang eines →*Betrieb*s oder Betriebsteils (dann →*Teilbetriebsübergang*) vom bisherigen auf einen neuen Betriebsinhaber, vgl. § 613a BGB.

Bevollmächtigter →*Person*, die eine →*Vollmacht* erhalten hat.

Bevollmächtigung Erteilung einer →*Vollmacht*.

Beweis Mittel zur Überzeugung (des Gerichts) von der Wahrheit oder Unwahrheit einer →*Behauptung*.

Bewirken (der Leistung) Siehe →*Leistung, Bewirken der*.

Bewusstlosigkeit (§ 105 Abs. 2 BGB) Erhebliche Bewusstseinstrübung (z. B. durch Drogenkonsum), die das Erkennen von Wesen und Inhalt der Erklärung ausschließt. Kein völliges Fehlen des Bewusstseins (z. B. Ohnmacht), bei dem mangels →*Handlungswille* keine →*Willenserklärung* vorliegt.

Bezugsvertrag Siehe →*Dauerlieferungsvertrag*.

BGB Abkürzung für →*Bürgerliches Gesetzbuch*.

BGB Allgemeiner Teil Siehe →*Allgemeiner Teil des Bürgerlichen Gesetzbuchs*.

BGB-AT Abkürzung für →*Allgemeiner Teil des BGB*.

BGB-Gesellschaft Oftmals verwendete Bezeichnung für die →*Gesellschaft bürgerlichen Rechts*.

Billigkeitsersatzpflicht Siehe →*Billigkeitshaftung*.

Billigkeitshaftung →*Haftung* einer wegen fehlender Schuldfähigkeit nicht verantwortlichen →*Person* aus Billigkeitsgründen, vgl. § 829 BGB.

Andere Bezeichnungen: →*Ersatzpflicht aus Billigkeitsgründen*; →*Billigkeitsersatzpflicht*.

Billigkeitsunterhalt Siehe →*Unterhalt aus Billigkeitsgründen*.

Billigung (Kauf auf Probe) Einseitige empfangsbedürftige →*Willenserklärung* (→*Willenserklärung, empfangsbedürftige*) durch die der Käufer bei einem →*Kauf auf Probe* erklärt, dass er den Kaufgegenstand erwerben will, vgl. § 454 BGB.

Billigungsfrist (Kauf auf Probe) Die für die →*Billigung* des Kaufgegenstands beim →*Kauf auf Probe* maßgebliche →*Frist*, vgl. § 455 BGB.

Bösgläubigkeit Wissen oder grob fahrlässiges (→*Fahrlässigkeit, grobe*) Nichtwissen eines rechtlich erheblichen Umstands.

Bote →*Person*, die eine von einem anderen vollständig formulierte Erklärung lediglich weitergibt (→*Erklärungsbote*) oder eine Erklärung entgegennimmt (→*Empfangsbote*).

Briefgrundschuld →*Grundschuld*, über die vom →*Grundbuchamt* ein →*Grundschuldbrief* erteilt wird, vgl. §§ 1192 Abs. 1, 1116 Abs. 1 BGB.

Briefhypothek →*Hypothek*, über die vom →*Grundbuchamt* ein →*Hypothekenbrief* erteilt wird, vgl. § 1116 Abs. 1.

Bringschuld Der →*Schuldner* muss die →*Leistung* dem →*Gläubiger* bringen. →*Leistungsort* und →*Erfolgsort* befinden sich am Sitz des →*Gläubigers*.

Bruchteilsgemeinschaft Mehrere →*Personen*, denen ein Recht gemeinschaftlich zusteht, vgl. § 741 BGB
Andere Bezeichnung: →*Gemeinschaft nach Bruchteilen*.

Buchersitzung Gesetzlicher →*Eigentumserwerb* an einem →*Grundstück* durch →*Eintragung* eines Nichtberechtigten (→*Nichtberechtigter*) in das →*Grundbuch*, wenn die →*Eintragung* 30 Jahre bestanden und der Nichtberechtigte während dieser Zeit das →*Grundstück* im →*Eigenbesitz* gehabt hat, vgl. § 900 BGB.

Buchgrundschuld →*Grundschuld*, die ohne Erteilung eines →*Grundschuldbriefs* erfolgt, also nur ins →*Grundbuch* eingetragen wird, vgl. §§ 1116 Abs. 2, 1192 BGB.

Buchhypothek →*Hypothek*, die ohne Erteilung eines →*Hypothekenbriefs* erfolgt, also nur ins →*Grundbuch* eingetragen wird, vgl. § 1116 Abs. 2 BGB.

Bundesgerichtshof Oberstes Gericht des Bundes für Zivil- und Strafsachen.

Bürge Wer sich durch →*Vertrag* (→*Bürgschaftsvertrag*) mit dem →*Gläubiger* eines Dritten dazu verpflichtet, für die →*Erfüllung* der →*Verbindlichkeit* des Dritten einzustehen, vgl. § 765 Abs. 1 BGB.

Bürgerliches Gesetzbuch Das in den fünf Büchern (→*Allgemeiner Teil des Bürgerlichen Gesetzbuchs*, →*Schuldrecht*, →*Sachenrecht*, →*Familienrecht*, →*Erbrecht*) des →*BGB* geregelte allgemeine →*Privatrecht* (→*Privatrecht, allgemeines*).

Bürgerliches Recht Siehe →*Privatrecht.*

Bürgermeistertestament Siehe →*Nottestament vor dem Bürgermeister.*

Bürgschaft Siehe →*Bürgschaftsvertrag.*

Bürgschaft, selbstschuldnerische →*Bürgschaft*, bei der der →*Bürge* auf die →*Einrede der Vorausklage* verzichtet hat, vgl. § 773 Abs. 1 Nr. 1 BGB.

Bürgschaftsvertrag Einseitig verpflichtender →*Vertrag*, (→*Vertrag, einseitig verpflichtender*), durch den sich der →*Bürge* gegenüber dem →*Gläubiger* eines Dritten verpflichtet, für die →*Erfüllung* der →*Verbindlichkeit* des Dritten einzustehen, vgl. § 765 Abs. 1 BGB.

C

c.i.c. / cic Häufig verwandte Abkürzung für →*culpa in contrahendo.*
Siehe →*Verschulden bei Vertragsverhandlungen.*

causa (lat.) Grund.
In der Rechtswissenschaft: →*Rechtsgrund.*

cessio (lat.) →*Abtretung.*

cessio legis (lat.) →Forderungsübergang, gesetzlicher.
Siehe →*Legalzession.*

commodum, stellvertretendes Der anstelle einer unmöglich gewordenen →*Leistung* (→*Unmöglichkeit*) erlangte Vermögensvorteil, den der →*Gläubiger* vom →*Schuldner* herausverlangen kann, vgl. §§ 285, 326 Abs. 3 BGB.

condictio causa data, causa non secuta (lat.) Rückforderung wegen gegebenen, aber nicht nachgefolgten Grundes.
→*Leistungskondiktion* wegen Nichteintritts des mit der →*Leistung* bezweckten Erfolgs, § 812 Abs. 1 S. 2 Var. 2 BGB.
Andere Bezeichnung: →*condictio ob rem.*

condictio indebiti (lat.) Rückforderung des Nichtgeschuldeten.
→*Leistungskondiktion* wegen anfänglichen Fehlens des rechtlichen Grundes, § 812 Abs. 1 S. 1 Var. 1 BGB.
Andere Bezeichnung: →*condictio sine causa.*

condictio ob causam finitam (lat.) Rückforderung wegen des beendeten Grundes.
→*Leistungskondiktion* wegen nachträglichem Wegfall des rechtlichen Grundes, § 812 Abs. 1 S. 2 Var. 1 BGB.

condictio ob rem Siehe →*condictio causa data causa non secuta.*

condictio ob turpem vel iniustam causam (lat.) Rückforderung wegen unsittlichem oder unrechtem →*Rechtsgrund.*
→*Leistungskondiktion* wegen Verstoßes gegen ein →*Gesetz* oder die guten Sitten, § 817 S. 1 BGB.

condictio sine causa Siehe →*condictio indebiti.*

conditio (lat.) Bedingung.

conditio iuris (lat.) →*Rechtsbedingung.*

conditio sine qua non (lat.) Bedingung ohne die nicht.
Siehe →*Äquivalenztheorie.*

contra legem (lat.) gegen das →*Gesetz.*
Siehe →*Auslegung contra legem.*

contrarius consensus (lat.) →*Aufhebungsvertrag.*

culpa (lat.) Schuld.

culpa in contrahendo (lat.) Verschulden bei →*Vertragsschluss.* Siehe →*Verschulden bei Vertragsverhandlungen.*

D

Darlehen Siehe →*Darlehensvertrag.*

Darlehen, partiarisches Sonderform des →*Darlehens*, bei dem als →*Entgelt* ein Gewinn- oder Umsatzanteil an einem Unternehmen oder an einem bestimmten Geschäft vereinbart wird.
Andere Bezeichnung: →*Beteiligungsdarlehen.*

Darlehensvertrag →*Vertrag*, durch den sich ein Darlehensgeber verpflichtet, Geld oder →*Sache*n zu übergeben, die der Darlehensnehmer später in gleicher Art, Menge und Güte zurückzugeben hat. Ein →*Darlehen* kann entgeltlich oder unentgeltlich gewährt werden.
Siehe auch →*Sachdarlehensvertrag.*

Dauerlieferungsvertrag →*Vertrag* über eine nicht im Voraus bestimmte Menge an →*Leistung*en, die zu bestimmten →*Termin*en oder auf Abruf zu erbringen sind (z. B. Stromlieferungsvertrag).
Andere Bezeichnung: →*Bezugsvertrag.*

Dauerschuldverhältnis →*Schuldverhältnis*, das sich nicht in einer einmaligen Erfüllungshandlung erschöpft, sondern eine Verpflichtung zur fortlaufenden Erbringung von →*Leistung*en begründet.

Dauervollstreckung Form der Testamentsvollstreckung, bei der dem →*Testamentsvollstrecker* die Verwaltung des →*Nachlass*es übertragen wird, vgl. § 2209 BGB.

de facto (lat.) nach der Tatsachenlage.

de jure (lat.) nach der Rechtslage / von Rechts wegen.

de lege ferenda (lat.) nach noch zu erlassendem Recht.

de lege lata (lat.) nach erlassenem Recht.

Defensivnotstand Siehe →*Notstand, defensiver.*

deklaratorisch Klarstellend. Es wird lediglich etwas bereits Bestehendes fest- oder klargestellt.
Siehe auch →*Rechtsakt, deklaratorischer;* →*Wirkung, deklaratorische.*

Delikt (lat.) Vergehen.
Tatbestandliches, rechtswidriges und schuldhaftes Verhalten, das eine Pflicht zum →*Schadensersatz* begründet.

Deliktsfähigkeit Fähigkeit einer →*Person,* für eigenes Verhalten deliktsrechtlich verantwortlich zu sein, vgl. §§ 827, 828 BGB.

Deliktsfähigkeit, beschränkte Besteht grundsätzlich zwischen dem siebten und dem 18. Lebensjahr (beachte aber § 828 Abs. 2 BGB). Beschränkt deliktsfähige →*Person*en haften nur, wenn sie bei Begehung der schädigenden →*Handlung* die zur Erkenntnis der Verantwortlichkeit erforderliche Einsicht hatten, § 828 Abs. 3 BGB.

Deliktsrecht →*Haftung* für unerlaubte →*Handlung*en (→*Handlung, unerlaubte*), geregelt in den §§ 823 ff. BGB und in zivilrechtlichen Nebengesetzen.

Deliktsunfähigkeit Nichtbestehen der →*Deliktsfähigkeit.* Deliktsunfähig sind grundsätzlich →*Person*en, die das siebente Lebensjahr noch nicht vollendet haben (§ 828 Abs. 1 BGB). Bei nicht vorsätzlich (→*Vorsatz*) herbeigeführten Unfällen mit einem Kraftfahrzeug, einer Schienenbahn oder einer Schwebebahn ist die →*Haftung* bis zur Vollendung des zehnten Lebensjahres ausgeschlossen, vgl. § 828 Abs. 2 BGB. Siehe auch § 827 BGB.

Dereliktion (lat.) Aufgabe.
Siehe →*Eigentumsaufgabe.*

deskriptiv (lat.) beschreibend.
Siehe auch →*Vorschriften, deskriptive.*

Deszendent (lat.) das Absteigende.
Siehe →*Abkömmling.*

Dienstbarkeit Dingliche Belastung an einem →*Gegenstand*, welche auf ein Dulden oder →*Unterlassen* gerichtet ist.

Dienstbarkeit, beschränkte persönliche Belastung eines →*Grundstück*s in der Weise, dass derjenige, zu dessen Gunsten die Belastung erfolgt, berechtigt ist, das →*Grundstück* in einzelnen Beziehungen zu nutzen, oder dass ihm eine sonstige Befugnis zusteht, die den Inhalt einer →*Grunddienstbarkeit* bilden kann, vgl. § 1090 Abs. 1 BGB.

Dienstvertrag →*Vertrag*, durch den der eine Teil (Dienstverpflichteter) zur Leistung der versprochenen Dienste, der andere Teil (Dienstberechtigter) zur Entrichtung der vereinbarten Vergütung verpflichtet wird. Gegenstand des Dienstvertrags können Dienste jeder Art sein, vgl. § 611 BGB.

Dienstzeugnis Schriftliche Bescheinigung des Dienstberechtigten über Dauer, Inhalt und Verlauf des Dienstverhältnisses, das ein Dienstverpflichteter bei der Beendigung eines dauernden Dienstverhältnisses verlangen kann, vgl. § 630 BGB. Ist der Verpflichtete ein →*Arbeitnehmer* findet § 109 GewO Anwendung (→*Arbeitszeugnis*).

diligentia quam in suis (lat.) →*Sorgfalt in eigenen Angelegenheiten.*

Dissens (lat.) Uneinigkeit.
Siehe →*Einigungsmangel.*

Dissens, offener Siehe →*Einigungsmangel, offener.*

Dissens, versteckter Siehe →*Einigungsmangel, versteckter.*

Draufgabe Hingabe einer →*Leistung* bei Eingehung eines →*Vertrag*s als Zeichen für den →*Vertragsschluss*es, vgl. § 336 Abs. 1 BGB.

Dreißigster Pflicht des →*Erbe*n, Familienangehörigen des →*Erblasser*s, die zur Zeit seines →*Tod*es zu dessen Hausstand gehören und von ihm →*Unterhalt* bezogen haben, in den ersten 30 Tagen nach dem Eintritt des →*Erbfall*s in demselben Umfang, wie der →*Erblasser* es getan hat, →*Unterhalt* zu gewähren und die Benutzung der Wohnung und der Haushaltsgegenstände (→*Haushaltsgegenstand*) zu gestatten. Der →*Erblasser* kann durch letztwillige Verfügung

(→*Verfügung, letztwillige*) eine abweichende Anordnung treffen, vgl. § 1969 BGB.

Drei-Zeugen-Testament Siehe →*Nottestament vor drei Zeugen.*

Drittschadensliquidation Möglichkeit der Geltendmachung eines Schadensersatzanspruchs für einen →*Schaden*, der durch zufällige Schadensverlagerung nicht beim Anspruchsteller, sondern bei einem Dritten eingetreten ist.

Drohung Inaussichtstellen eines künftigen Übels, auf das der Drohende Einfluss hat, zu haben vorgibt oder zu haben scheint.

Drohung, widerrechtliche Eine →*Drohung* ist widerrechtlich, wenn das Mittel, der Zweck oder die Mittel-Zweck-Relation verwerflich ist. Eine widerrechtliche →*Drohung* berechtigt zur →*Anfechtung* einer →*Willenserklärung*, vgl. § 123 Abs. 1 BGB.

Duldungsrecht Dingliches Nutzungsrecht an einer →*Sache*, die das Recht des →*Eigentümer*s an der →*Sache* einschränkt. Im BGB zählen dazu die →*Grunddienstbarkeit* (§§ 1018 ff BGB), der →*Nießbrauch* (§ 1030 ff BGB) und die beschränkte persönliche →*Dienstbarkeit* (→*Dienstbarkeit, beschränkte, persönliche*); §§ 1090 ff BGB).

Duldungsvollmacht Eine auf →*Rechtsschein* beruhende →*„Vollmacht“*. Liegt vor, wenn der angeblich Vertretene weiß, dass jemand unbefugt für ihn als →*Vertreter* auftritt, der angeblich Vertretene untätig bleibt und der Geschäftsgegner gutgläubig (→*Gutgläubigkeit*) darauf vertraut, dass der Handelnde bevollmächtigt ist. Der „Vertretene“ wird dann so behandelt, als ob er tatsächlich eine →*Vollmacht* erteilt hätte.

Dürftigkeitseinrede Gibt dem →*Erbe*n die Möglichkeit, die Befriedung eines →*Nachlassgläubiger*s insoweit zu verweigern, als der →*Nachlass* nicht ausreicht. Möglich, wenn der →*Nachlass* noch nicht einmal die Kosten einer →*Nachlassverwaltung* oder einer Nachlassinsolvenz decken würde. vgl. § 1990 BGB.

Düsseldorfer Tabelle Leitlinien für den Kindesunterhalt, die vom OLG Düsseldorf in Abstimmung mit anderen Oberlandesgerichten und dem Deutschen Familiengerichtstag erstellt werden.

E

Ehe Vom Recht anerkannte Verbindung von zwei natürlichen →*Person*en (→*Person, natürliche*) zu einer vor dem →*Standesamt* auf Lebenszeit geschlossenen Gemeinschaft.
Siehe auch →*Zivilehe*.

Ehe, Aufhebung der Siehe →*Eheaufhebung*.

Ehe, Beendigung der Die →*Ehe* wird durch →*Eheaufhebung*, →*Ehescheidung* oder →*Tod* beendet.

Ehe, Scheidung der Siehe →*Ehescheidung*.

Ehe, Scheitern der Die →*Ehe* ist gescheitert, wenn die Lebensgemeinschaft der Ehegatten (→*Lebensgemeinschaft, eheliche*) nicht mehr besteht und nicht erwartet werden kann, dass die Ehegatten sie wiederherstellen, vgl. § 1565 Abs. 1 S. 2 BGB.

Eheaufhebung Auflösung der →*Ehe* durch richterliche Entscheidung, vgl. § 1313 BGB, aus einem der in § 1314 BGB genannten Gründe.

Ehefähigkeit Fähigkeit einer natürlichen →*Person* (→*Person, natürliche*) zur wirksamen Eingehung einer →*Ehe*. Setzt →*Ehemündigkeit* voraus, vgl. § 1303 BGB. Ausgeschlossen bei →*Geschäftsunfähigkeit*, vgl. § 1304 BGB.

Ehegattenerbrecht Gesetzliches →*Erbrecht* des Ehegatten, vgl. § 1931 BGB.

Ehegattenunterhalt Bezeichnung für die Unterhaltsansprüche der Ehegatten bei bestehender Lebensgemeinschaft (→*Familienunterhalt*), bei →*Getrenntleben* (→*Trennungsunterhalt*) und nach Beendigung der →*Ehe* (→*Unterhalt, nachehelicher*).

Ehegattenunterhalt bei Getrenntleben Siehe →*Trennungsunterhalt.*

Ehegattenunterhalt, nachehelicher Siehe →*Unterhalt, nachehelicher.*

Ehegattenvoraus Siehe →*Voraus des Ehegatten.*

Ehegüterrecht Siehe →*Güterrecht, eheliches.*

Ehemündigkeit Eine →*Ehe* darf nicht vor Eintritt der →*Volljährigkeit* (→*Volljährigkeit, Eintritt der*) eingegangen werden. Mit einer →*Person*, die das 16. Lebensjahr nicht vollendet hat, kann eine →*Ehe* nicht wirksam eingegangen werden, vgl. § 1303 BGB.

Ehename Der von den Ehegatten bestimmte gemeinsame →*Familienname* (vgl. § 1355 Abs. 1 S. 1 BGB).

Eherecht Die Rechtsnormen des →*Familienrechts*, die Inhalt, Eingehung und Beendigung der →*Ehe* sowie das Verhältnis der Ehegatten zueinander regeln.

Ehescheidung Auflösung der →*Ehe* durch richterliche Entscheidung auf Antrag eines oder beider Ehegatten, vgl. § 1564 BGB, unter den Voraussetzungen der §§ 1565 ff. BGB.

Eheschließung Die →*Ehe* wird nur dadurch geschlossen, dass die Eheschließenden vor dem Standesbeamten erklären, die →*Ehe* miteinander eingehen zu wollen, § 1310 Abs. 1 S. 1 BGB.
Andere Bezeichnungen: →*Heirat*; →*Trauung*.
Siehe auch →*Zivilehe.*

Eheverbote →*Tatsach*en oder →*Rechtsverhältnis*se, die eine →*Eheschließung* zwischen zwei →*Person*en ausschließen, vgl. §§ 1306 ff. BGB.

Ehevermittlung Siehe →*Heiratsvermittlung.*

Ehevertrag Ein zwischen Verlobten (→*Verlöbnis*) oder Ehegatten geschlossener →*Vertrag* zur Regelung der →*Rechtsverhältnis*se während und/oder bei Beendigung der →*Ehe*, vgl. § 1408 BGB. Muss bei gleichzeitiger Anwesenheit beider Teile zur Niederschrift eines Notars geschlossen werden, vgl. § 1410 BGB.

Ehewohnung Räumlichkeiten, die den Ehegatten während der →*Ehe* zu Wohnzwecken dienen. Es muss sich nicht zwingend um eine herkömmliche Wohnung handeln (z. B. Wohnwagen als Ehewohnung).

Eigenbedarf (Mietrecht) Berechtigtes Interesse des Vermieters an der Beendigung des →*Mietverhältnis*ses, weil er die Räume als Wohnung für sich, seine Familienangehörigen oder Angehörige seines Hausstands benötigt, vgl. § 573 Abs. 2 Nr. 2 BGB. Berechtigt den Vermieter zur ordentlichen →*Kündigung* (→*Kündigung, ordentliche*).

Eigenbesitz Tatsächliche Herrschaft über eine →*Sache* mit dem Willen, sie als sich gehörend zu besitzen, vgl. § 872 BGB.

Eigenbesitzer Derjenige, der eine →*Sache* mit dem Willen besitzt, sie als ihm gehörend zu besitzen, vgl. § 872 BGB.

Eigengeschäftsführung Liegt vor, wenn jemand ein fremdes Geschäft (→*Geschäft, fremdes*) in der Meinung besorgt, es sei sein eigenes. Mangels →*Fremdgeschäftsführungswille* liegt hier keine →*Geschäftsführung ohne Auftrag* vor, vgl. § 687 Abs. 1 BGB.

Eigengeschäftsführung, angemaßte Siehe →*Geschäftsanmaßung*.

Eigengeschäftsführung, böswillige Siehe →*Geschäftsanmaßung*.

Eigenmacht, verbotene Liegt vor, wenn jemand dem →*Besitzer* ohne dessen Willen den →*Besitz* entzieht oder ihn im →*Besitz* stört, sofern nicht das →*Gesetz* die Entziehung oder die Störung gestattet, vgl. § 858 Abs. 1 BGB

Eigenschaften Alle gegenwärtigen Faktoren, die für den Wert oder die Verwendbarkeit einer →*Sache* oder einer →*Person* unmittelbar von Bedeutung sind.

Eigenschaften, verkehrswesentliche →*Eigenschaften*, die nach der →*Verkehrsanschauung* für das konkrete →*Rechtsgeschäft* von Bedeutung sind.

Eigenschaften, verkehrswesentliche einer Person Natürliche Persönlichkeitsmerkmale sowie alle tatsächlichen und rechtlichen Verhältnisse, die nach der →*Verkehrsanschauung* Einfluss auf die Wertschätzung einer →*Person* in dem konkreten →*Rechtsverhältnis* ausüben.

Eigenschaften, verkehrswesentliche einer Sache Natürliche →*Beschaffenheit* sowie alle tatsächlichen und rechtlichen Verhältnisse, die infolge ihrer →*Beschaffenheit* und Dauer unmittelbaren Einfluss auf den Wert oder die Brauchbarkeit einer →*Sache* ausüben.

Eigenschaftsirrtum →*Irrtum* über eine verkehrswesentliche Eigenschaft (→*Eigenschaften, verkehrswesentliche*) einer →*Person* (→*Eigenschaften, verkehrswesentliche einer Person*) oder →*Sache* (→*Eigenschaften, verkehrswesentliche einer Sache*), die Gegenstand des →*Rechtsgeschäfts* ist. Anfechtungsgrund nach § 119 Abs. 2 BGB.

Eigentum Umfassendes dingliches Recht (→*Recht, dingliches*) an einer →*Sache*. Eigentum ist ein absolutes Recht (→*Recht, absolutes*). Der →*Eigentümer* einer →*Sache* kann, soweit nicht das →*Gesetz* oder Rechte Dritter entgegenstehen, mit der →*Sache* nach Belieben verfahren und andere von jeder Einwirkung ausschließen, vgl. § 903 BGB.

Eigentum, Aufgabe des Siehe →*Eigentumsaufgabe*.

Eigentümer →*Person*, die die umfassende rechtliche Verfügungs- und Nutzungsgewalt über eine →*Sache* hat. Siehe auch →*Eigentum*.

Eigentümer-Besitzer-Verhältnis Die in §§ 987 ff. BGB geregelte Rechtsbeziehung zwischen einem →*Eigentümer* und einem →*Besitzer*, der nicht zum →*Besitz* berechtigt ist.

Eigentümergrundschuld →*Grundschuld*, die dem →*Eigentümer* des belasteten →*Grundstücks* zusteht, vgl. § 1196 BGB.

Eigentümerhypothek →*Hypothek*, die dem →*Eigentümer* an seinem eigenen →*Grundstück* zusteht. Entsteht, wenn sich

→*Eigentum* am →*Grundstück*, →*Hypothek* und →*Forderung* in einer →*Person* vereinigen.

Eigentumsaufgabe Aufgabe des →*Eigentums* an einer beweglichen (→*Sache, bewegliche*) oder unbeweglichen →*Sache* (→*Sache unbewegliche*) durch den →*Eigentümer*. Andere Bezeichnung →*Dereliktion*.
Siehe auch →*Eigentumsaufgabe an beweglichen Sachen*; →*Eigentumsaufgabe an Grundstücken*.

Eigentumsaufgabe an beweglichen Sachen Erfolgt, wenn der →*Eigentümer* in der Absicht, auf das →*Eigentum* zu verzichten, den →*Besitz* an der *Sache* aufgibt, vgl. § 959 BGB.

Eigentumsaufgabe an Grundstücken Erfolgt dadurch, dass der →*Eigentümer* den →*Verzicht* auf das →*Eigentum* dem →*Grundbuchamt* gegenüber erklärt und der →*Verzicht* in das →*Grundbuch* eingetragen wird, vgl. § 928 Abs. 1 BGB.

Eigentumserwerb Erwerb des →*Eigentums* an einer →*Sache*. Zu unterscheiden ist zwischen ursprünglichem (→*Eigentumserwerb, ursprünglicher*) und abgeleitetem Eigentumserwerb (→*Eigentumserwerb, abgeleiteter*).

Eigentumserwerb, abgeleierter →*Eigentumserwerb* durch *Rechtsgeschäft*.
Andere Bezeichnung: →*Eigentumserwerb, derivativer*.

Eigentumserwerb, derivativer Siehe →*Eigentumserwerb, abgeleiteter*.

Eigentumserwerb, originärer Siehe →*Eigentumserwerb, ursprünglicher*.

Eigentumserwerb, ursprünglicher →*Eigentumserwerb* durch einen besonderen Erwerbsgrund (z. B. durch →*Aneignung*).
Andere Bezeichnung: →*Eigentumserwerb, originärer*.

Eigentumsherausgabeanspruch →*Anspruch* des →*Eigentümers* gegen den →*Besitzer* auf Herausgabe einer →*Sache*, wenn der →*Besitzer* oder der mittelbare →*Besitzer* (→*Besitz, mittelbarer*), von dem er sein →*Recht zum Besitz* ableitet, dem →*Eigentümer* gegenüber nicht zum →*Besitz* berechtigt ist, vgl. §§ 985, 986 BGB.

Eigentumsverletzung Liegt i. S. d. § 823 Abs. 1 BGB vor bei einer Beeinträchtigung der Sachsubstanz, bei Vorenthaltung oder Entziehung des →*Besitz*es, bei einer unberechtigten →*Verfügung* sowie bei Entzug oder Einschränkung der Nutzungsmöglichkeit.

Eigentumsvermutung Gesetzliche Vermutung (→*Vermutung, gesetzliche*) der Eigentümerstellung.
Siehe →*Eigentumsvermutung bei beweglichen Sachen*; →*Eigentumsvermutung bei Ehegatten.*

Eigentumsvermutung bei beweglichen Sachen Widerlegbare gesetzliche Vermutung (→*Vermutung, gesetzliche*), dass der →*Besitzer* einer beweglichen →*Sache* (→*Sache, bewegliche*) deren →*Eigentümer* ist, vgl. § 1006 BGB.

Eigentumsvermutung bei Ehegatten Widerlegbare, gesetzliche Vermutung (→*Vermutung, gesetzliche*) zugunsten der →*Gläubiger* des Mannes und der →*Gläubiger* der Frau, dass die im →*Besitz* eines oder beider Ehegatten befindlichen beweglichen →*Sache*n (→*Sache, bewegliche*) dem →*Schuldner* gehören, vgl. § 1362 BGB.

Eigentumsvorbehalt Liegt vor, wenn der Verkäufer einer beweglichen →*Sache* (→*Sache, bewegliche*) sich das →*Eigentum* an dieser →*Sache* bis zur Zahlung des Kaufpreises vorbehält. Die →*Übereignung* der beweglichen →*Sache* (→*Sache, bewegliche*) erfolgt dann im Zweifel unter der aufschiebenden →*Bedingung* (→*Bedingung, aufschiebende*) vollständiger Kaufpreiszahlung, vgl. § 449 Abs. 1 BGB.

Einbenennung Übertragung des von einem Elternteil und einem Stiefelternteil geführten →*Ehenamen*s auf ein Kind, vgl. § 1618 BGB.

Eingriffskondiktion →*Nichtleistungskondiktion*, bei der die →*Bereicherung* durch einen Eingriff des Bereicherten in ein fremdes Recht erfolgt ist.

Einheit, juristische Siehe →*Person, juristische.*

Einigung (Sachenrecht) Ein auf eine dingliche Rechtsänderung gerichteter →*Vertrag.*

Einigungsmangel Liegt vor, wenn die Erklärungen der Parteien nicht übereinstimmen.

Einigungsmangel, offener Liegt vor, wenn den Parteien bewusst ist, dass noch keine Einigung vorliegt, weil entweder die Erklärungen nicht übereinstimmen oder ein regelungsbedürftiger Punkt bislang ungeregelt ist, vgl. § 154 Abs. 1 BGB.

Einigungsmangel, versteckter Liegt vor, wenn die Parteien nicht über alle regelungsbedürftigen Punkte eine Einigung erzielt haben, und dies wenigstens einer Partei unbekannt ist, vgl. § 155 BGB.

Einrede Gewährt das Recht, die →*Erfüllung* eines →*Anspruch*s zu verweigern. Anders als →*Einwendung*en werden sie nicht von Amts wegen berücksichtigt, sondern müssen erhoben werden. Einreden können dazu führen, dass die Durchsetzung eines →*Anspruch*s gehemmt (→*Einrede, aufschiebende*) oder dieser dauerhaft nicht mehr durchsetzbar ist (→*Einrede, dauernde*).

Einrede der Vorausklage Das Recht des →*Bürge*n, die →*Befriedigung* des →*Gläubiger*s zu verweigern, solange nicht der →*Gläubiger* eine Zwangsvollstreckung gegen den Hauptschuldner ohne Erfolg versucht hat, vgl. § 771 Abs. 1 S. 1 BGB.

Einrede des nichterfüllten Vertrags →*Leistungsverweigerungsrecht* einer nicht vorleistungspflichtigen (→*Vorleistungspflicht*) Partei, die ihr bei einem gegenseitigen →*Vertrag* (→*Vertrag, gegenseitiger*) obliegende →*Leistung* bis zur Bewirkung der →*Gegenleistung* zu verweigern, vgl. § 320 Abs. 1 BGB.

Einrede, aufschiebende Durch Erhebung einer solchen →*Einrede* wird die Durchsetzung des →*Anspruch*s gehemmt.
Andere Bezeichnung: →*Einrede, dilatorische.*

Einrede, dauerhafte Siehe →*Einrede, dauernde.*

Einrede, dauernde Durch Erhebung einer solchen →*Einrede* ist der →*Anspruch* dauerhaft nicht durchsetzbar.
Andere Bezeichnung: →*Einrede, dauerhafte*; →*Einrede, peremtorische.*

Einrede, dilatorische (lat.) dilatio = Aufschub.
Siehe →*Einrede, aufschiebende.*

Einrede, peremtorische (lat.) peremtio = Vernichtung.
Siehe →*Einrede, dauernde.*

Eintragung Aufnahme eines rechtserheblichen Vorgangs oder einer rechtserheblichen →*Tatsache* in ein öffentliches Register (z. B. →*Grundbuch*).

Eintrittsrecht (Erbrecht) Grundsatz bei der gesetzlichen →*Erbfolge* (→*Erbfolge, gesetzliche*), nach dem ein →*Abkömmling* eines vorverstorbenen oder ausschlagenden gesetzlichen →*Erben* (→*Erbe, gesetzlicher*) an dessen Stelle tritt (z. B. ein Enkel an die Stelle eines verstorbenen Kindes des →*Erblassers*, vgl. § 1924 Abs. 3 BGB).

Einwendung Umstand, der ein →*Rechtsgeschäft* in seinem Bestand betrifft und der von Amts wegen zu beachten ist. Zu unterscheiden ist zwischen rechtshindernden (→*Einwendung, rechtshindernde*) und rechtsvernichtenden Einwendungen (→*Einwendung, rechtsvernichtende*).

Einwendung, rechtshindernde →*Einwendung*, die dem wirksamen Entstehen eines →*Anspruchs* entgegensteht.
Andere Bezeichnung: →*Nichtigkeitsgrund.*

Einwendung, rechtsvernichtende →*Einwendung*, die einen bereits entstandenen →*Anspruch* zum Erlöschen bringt.

Einwilligung 1. Die vorherige →*Zustimmung*, vgl. § 183 BGB.
2. Im →*Deliktsrecht* Einverständnis des Betroffenen mit einer (möglichen) Rechtsgutsverletzung.

Einwilligung, mutmaßliche Wird als →*Rechtfertigungsgrund* für die Verletzung eines Rechts oder →*Rechtsguts* angenommen, wenn eine tatsächliche →*Einwilligung* nicht eingeholt werden kann, der Eingriff aber dem objektiven Interesse des Betroffenen entspricht.

Einzelrechtsnachfolge Siehe →*Singularsukzession.*

Einziehungsermächtigung Ermächtigung eines Dritten durch den →*Gläubiger*, seine →*Forderung* im eigenen Namen geltend zu machen, wobei der bisherige →*Gläubiger* weiterhin Inhaber der →*Forderung* bleibt.

Eltern →*Vater* und →*Mutter* eines Kindes, vgl. §§ 1591 f. BGB.

Empfängerhorizont Bei der →*Auslegung* einer empfangsbedürftigen →*Willenserklärung* (→*Willenserklärung, empfangsbedürftige*) als Maßstab zu berücksichtigende Sicht eines objektiven Empfängers.

Empfangsbote →*Person*, die zur Entgegennahme von →*Willenserklärung*en geeignet und ermächtigt ist oder nach der →*Verkehrsauffassung* als geeignet und ermächtigt angesehen wird.

Empfangsvertreter Jemand, der vom →*Erklärungsempfänger* als →*Vertreter* eingesetzt wurde, vgl. § 164 Abs. 3 BGB.

Empfangszuständigkeit Empfangszuständig ist derjenige, an den mit befreiender Wirkung geleistet werden kann.

Endvermögen Beim →*Güterstand* der →*Zugewinngemeinschaft* das Vermögen, das einem Ehegatten nach Abzug der →*Verbindlichkeit*en bei Beendigung des →*Güterstand*s gehört; vgl. § 1375 Abs. 1 S. 1 BGB.

Enterbung Ausschluss eines gesetzlichen →*Erbe*n (→*Erbe, gesetzlicher*) von der →*Erbfolge* durch →*Verfügung von Todes wegen*.

Entgelt Jede Art von →*Gegenleistung*, die für eine →*Leistung* erbracht wird. Es kann, muss sich aber nicht um eine in Geld zu erbringende →*Gegenleistung* handeln.

Entreicherung Liegt vor, wenn das ursprünglich Erlangte beim (vormals) Bereicherten nicht mehr vorhanden ist und er hierfür auch keinen Gegenwert erhalten hat. Ein →*Anspruch* auf Herausgabe oder Wertersatz ist dann grundsätzlich ausgeschlossen, vgl. § 818 Abs. 3 BGB.
Andere Bezeichnung: →*Wegfall der Bereicherung*.

Enumeration (lat.) Aufzählung.
Siehe auch →*Enumerationsprinzip*.

Enumerationsprinzip Abschließende Aufzählung einzelner Tatbestände in einer gesetzlichen Norm.

Erbanfall Siehe →*Erbschaft, Anfall der*.

Erbauseinandersetzung Aufhebung einer →*Erbengemeinschaft* unter Aufteilung des →*Nachlass*es zwischen den →*Miterben*, vgl. §§ 2042 ff. BGB.

Erbausschlagung Siehe →*Erbschaft, Ausschlagung der.*

Erbbaurecht Die Belastung eines →*Grundstück*s in der Weise, dass demjenigen, zu dessen Gunsten die Belastung erfolgt, das veräußerliche und vererbliche Recht zusteht, auf oder unter der Oberfläche des →*Grundstück*s ein Bauwerk zu haben, vgl. § 1 Abs. 1 ErbbauRG.

Erbe Die →*Person*(en), auf die das Vermögen als Ganzes einer verstorbenen →*Person* (→*Erblasser*) übergeht, vgl. § 1922 Abs. 1 BGB.

Erbe, gesetzlicher Die →*Person*(en), auf die das Vermögen als Ganzes einer verstorbenen →*Person* (→*Erblasser*) durch gesetzliche Vorschrift übergeht.

Erbe, gewillkürter Die →*Person*(en), auf die das Vermögen als Ganzes einer verstorbenen →*Person* (→*Erblasser*) durch →*Verfügung von Todes wegen* übergeht.

Erbeinsetzung Siehe →*Erbfolge, gewillkürte.*

Erbenbesitz Der →*Erbe* erlangt beim →*Erbfall* den →*Besitz*, den der →*Erblasser* hatte, auch wenn der →*Erbe* keine tatsächliche →*Sachherrschaft* ausübt, vgl. § 857 BGB.

Erbengemeinschaft Mehrheit von →*Erbe*n, auf die im →*Erbfall* das gesamte Vermögen des →*Erblasser*s übergeht oder übergegangen ist.
Andere Bezeichnung: →*Miterbengemeinschaft.*

Erbenhaftung →*Haftung* des oder der →*Erbe*n für die →*Nachlassverbindlichkeiten,* § 1967 BGB.

Erbfähigkeit Fähigkeit, →*Erbe* bzw. →*Nacherbe* zu werden, vgl. §§ 1923, 2101 BGB.

Erbfall →*Tod* einer natürlichen →*Person* (→*Person, natürliche*), vgl. § 1922 Abs. 1 BGB.

Erbfallschulden Verbindlichkeiten, die dem →*Erbe*n aus Anlass des →*Erbfall*s erwachsen. Dazu gehören Verbindlichkeiten aus →*Pflichtteil*en, →*Vermächtnis*sen und →*Auflage*n, vgl. § 1967 Abs. 2 BGB sowie die →*Beerdigungskosten*, vgl. § 1968 BGB. Erbfallschulden sind Teil der →*Nachlassverbindlichkeiten*.

Erbfolge Bestimmung des oder der →*Erbe*n. Zu unterscheiden ist zwischen der gesetzlichen (→*Erbfolge, gesetzliche*) und der gewillkürten →*Erbfolge* (→*Erbfolge, gewillkürte*).

Erbfolge, gesetzliche →*Erbfolge* für den Fall, dass der →*Erblasser* den oder die →*Erbe*n nicht oder nicht wirksam durch →*Verfügung von Todes wegen* bestimmt hat. Andere Bezeichnung: →*Intestaterbfolge*.

Erbfolge, gewillkürte Regelung der →*Erbfolge* und ggf. der →*Erbteil*e durch den →*Erblasser* in einer →*Verfügung von Todes wegen*. Die gewillkürte geht der gesetzlichen →*Erbfolge* (→*Erbfolge, gesetzliche*) vor.

Erblasser Natürliche →*Person* (→*Person, natürliche*), durch deren →*Tod* die →*Erbschaft* auf die oder den →*Erbe*n übergeht.

Erblasserschulden Schulden des →*Erblasser*s, die vor seinem →*Tod* entstanden sind.

Erbquote Bestimmt, wie groß die einzelnen →*Erbteil*e sind.

Erbrecht 1. Fünftes Buch des BGB. Regelt die Voraussetzungen und Rechtsfolgen des Übergangs von Rechten und Pflichten beim →*Tod* einer natürlichen →*Person* (→*Person, natürliche*).
2. Bezeichnung für das bei →*Tod* des →*Erblasser*s entstehende Recht →*Erbe* zu werden.

Erbrecht des Staates Siehe →*Staatserbrecht*.

Erbschaft Vermögen des →*Erblasser*s zum Zeitpunkt seines →*Tod*es, vgl. § 1922 Abs. 1 BGB. Der Begriff umfasst alle →*Rechtsverhältnisse*.

Erbschaft, Anfall der Die →*Erbschaft* geht kraft →*Gesetz*es auf den oder die berufenen →*Erbe*n über, unbeschadet des Rechts, sie auszuschlagen, vgl. § 1942 Abs. 1 BGB.

	Andere Bezeichnung: →*Erbanfall*; →*Erbschaftsanfall*.
Erbschaft, Annahme der	Nicht empfangsbedürftige →*Willenserklärung* (→*Willenserklärung, nicht empfangsbedürftige*) des →*Erben* mit dem Inhalt, die →*Erbschaft* dauerhaft behalten zu wollen.
Erbschaft, Ausschlagung der	Rückwirkende Beseitigung der Erbenstellung durch form- und fristgemäße Erklärung des →*Erbe*n gegenüber dem →*Nachlassgericht*, vgl. §§ 1942 ff. BGB.
Erbschaftsanfall	Siehe →*Erbschaft, Anfall der.*
Erbschaftsanspruch	→*Anspruch* des →*Erbe*n gegen den →*Erbschaftsbesitzer* auf Herausgabe des aus der →*Erbschaft* Erlangten, § 2018 BGB.
Erbschaftsbesitzer	Jemand, der aufgrund eines ihm in Wirklichkeit nicht zustehenden →*Erbrecht*s etwas aus der →*Erbschaft* erlangt hat, vgl. § 2018 BGB.
Erbschaftserwerber	Jemand, der eine →*Erbschaft* durch →*Vertrag* von einem →*Erbschaftsbesitzer* erwirbt. Steht im Verhältnis zum →*Erben* einem →*Erbschaftsbesitzer* gleich, siehe § 2030 BGB.
Erbschaftsverwaltungsschulden	Verbindlichkeiten, die nach dem →*Tod* des →*Erblasser* durch die Verwaltung und die Abwicklung des →*Nachlass*es entstehen. Andere Bezeichnung: →*Nachlasskostenschulden*.
Erbschein	Vom →*Nachlassgericht* auf Antrag auszustellendes Zeugnis des →*Erbe*n über sein →*Erbrecht*, bei mehreren →*Erbe*n auch über die Größe des →*Erbteils*, vgl. § 2353 BGB.
Erbteil	Anteil eines →*Miterbe*n am →*Nachlass*, vgl. § 1922 Abs. 2 BGB.
Erbunwürdigkeit	Ausschluss eines gesetzlichen (→*Erbe, gesetzlicher*) oder gewillkürten →*Erbe*n (→*Erbe, gewillkürter*) aus der →*Erbfolge* wegen schwerwiegender Verfehlungen gegen den →*Erblasser*, vgl. §§ 2339 ff. BGB.
Erbvertrag	→*Vertrag* zwischen mindestens zwei →*Person*en, in dem mindestens einer der Vertragsschließenden

vertragsmäßige →*Verfügungen von Todes wegen* trifft, geregelt in den §§ 2274 ff. BGB.

Erbverzicht Siehe →*Erbverzichtsvertrag.*

Erbverzichtsvertrag →*Vertrag* zwischen dem →*Erblasser* und einem gesetzlichen (→*Erbe, gesetzlicher*) oder gewillkürten →*Erben* (→*Erbe, gewillkürter*) oder einem →*Vermächtnisnehmer,* durch den dieser auf sein →*Erbrecht* oder die →*Zuwendung* verzichtet, vgl. §§ 2346, 2352 BGB.

Erfolgsort Ort, an dem der →*Leistungserfolg* und damit die →*Erfüllung* eintreten soll.

Erfüllbarkeit Zeitpunkt, zu dem der →*Schuldner* die →*Leistung* erbringen darf und der →*Gläubiger* sie annehmen muss.

Erfüllung Schuldtilgung durch →*Bewirken* der geschuldeten →*Leistung.* Durch Erfüllung erlischt das →*Schuldverhältnis,* vgl. § 362 Abs. 1 BGB.

Erfüllungs statt Siehe →*Leistung an Erfüllungs statt.*

Erfüllungsgehilfe →*Person,* die mit Wissen und Wollen des →*Schuldner*s in dessen Pflichtenkreis tätig wird.

erfüllungshalber Siehe →*Leistung erfüllungshalber.*

Erfüllungsinteresse Interesse an der →*Erfüllung* eines →*Rechtsgeschäft*s.

Erfüllungsinteresse, Ersatz des Interesse einer Vertragspartei, bei →*Nichterfüllung* eines →*Vertrag*s so gestellt zu werden, wie sie stehen würde, wenn der →*Vertrag* ordnungsgemäß erfüllt worden wäre.
Andere Bezeichnung: →*Interesse, positives.*

Erfüllungsort Siehe →*Leistungsort.*

Erfüllungssurrogat Umstand, der an die Stelle der an sich geschuldeten →*Leistung* tritt und zum Erlöschen der Schuld führt, z. B. die →*Leistung an Erfüllungs statt.*

Erfüllungsübernahme Durch →*Vertrag* übernommene Verpflichtung zur →*Befriedung* eines →*Gläubigers* des Vertragspartners, vgl. § 329 BGB.

Erhaltungsinteresse Siehe →*Integritätsinteresse.*

Erklärung, konkludente Siehe →*Verhalten, schlüssiges.*

Erklärung, schlüssige Siehe →*Verhalten, schlüssiges.*

Erklärungsbewusstsein Bestandteil des subjektiven Tatbestands einer →*Willenserklärung* (→*Willenserklärung, subjektiver Tatbestand*). Liegt vor, wenn der Erklärende weiß, dass er durch seine Willensäußerung etwas rechtlich Erhebliches erklärt. Für eine wirksame →*Willenserklärung* bedarf es nach h. M. keines aktuellen →*Erklärungsbewusstseins* (→*Erklärungsbewusstsein, aktuelles).* Potentielles →*Erklärungsbewusstsein* (→*Erklärungsbewusstsein, potentielles*) genügt. Andere Bezeichnung: →*Erklärungswille.*

Erklärungsbewusstsein, aktuelles Liegt vor, wenn der Erklärende tatsächlich →*Erklärungsbewusstsein* hat, im Gegensatz zum potentiellen →*Erklärungsbewusstsein* (→*Erklärungsbewusstsein, potentielles*).

Erklärungsbewusstsein, potentielles Liegt vor, wenn das →*Erklärungsbewusstsein* eigentlich fehlt (kein →*Erklärungsbewusstsein, aktuelles*), der Erklärende allerdings hätte erkennen können und müssen, dass sein Verhalten als →*Willenserklärung* verstanden werden konnte.

Erklärungsbote →*Person*, die eine von einem anderen vollständig formulierte →*Willenserklärung* übermittelt.

Erklärungsempfänger Adressat einer →*Willenserklärung.*

Erklärungsirrtum →*Irrtum* bei der Erklärungshandlung. Liegt vor, wenn das gewollte und das gewählte Erklärungszeichen nicht übereinstimmen. Anfechtungsgrund nach § 119 Abs. 1, Alt. 2 BGB.

Erklärungswille Siehe →*Erklärungsbewusstsein.*

Erlass Siehe →*Erlassvertrag.*

Erlassvertrag →*Vertrag*, durch den der →*Gläubiger* dem →*Schuldner* die Schuld erlässt. Durch den Erlassvertrag erlischt das →*Schuldverhältnis*, § 397 Abs. 1 BGB.

Ersatz des Erfüllungsinteresses Siehe →*Erfüllungsinteresse, Ersatz des.*

Ersatz von Aufwendungen Siehe →*Aufwendungsersatz.*

Ersatzerbe Siehe →*Ersatzerbschaft.*

Ersatzerbschaft Einsetzung eines →*Erben* durch den →*Erblasser* für den Fall, dass ein →*Erbe* vor oder nach dem Eintritt des →*Erbfalls* aus tatsächlichen oder rechtlichen Gründen wegfällt, vgl. § 2096 BGB.

Ersatzpflicht aus Billigkeitsgründen Siehe →*Billigkeitshaftung.*

Ersatzvermächtnis →*Zuwendung* des →*Gegenstands* eines →*Vermächtnisses* an einen anderen für den Fall, dass der zunächst Bedachte das →*Vermächtnis* nicht erwirbt, vgl. § 2190 BGB.

Ersatzvermächtnisnehmer Siehe →*Ersatzvermächtnis.*

Ersetzungsbefugnis Befugnis eines →*Schuldners* oder eines →*Gläubigers*, eine andere als die geschuldete →*Leistung* zu erbringen bzw. zu fordern.

Ersitzung Erwerb des →*Eigentums* an einer beweglichen →*Sache* (→*Sache, bewegliche*) durch mehrjährigen →*Besitz* im guten Glauben (→*Glaube, guter*) an ein in Wirklichkeit nicht bestehendes Eigentumsrecht, vgl. § 937 BGB.

Erstattung von Aufwendungen Siehe →*Aufwendungsersatz.*

Erst-Recht-Schluss Siehe
(1) →*argumentum a majore ad minus*
(2) →*argumentum a minori ad maius.*

Erwerb, abgeleiteter Erwerb, der von einem Rechtsvorgänger abgeleitet wird.
Andere Bezeichnung: →*Erwerb, derivativer.*

Erwerb, derivativer Siehe →*Erwerb, abgeleiteter.*

Erwerb, gutgläubiger Rechtswirksamer Erwerb einer →*Sache* oder eines Rechts von einem Nichtberechtigten (→*Nichtbe-*

	rechtigter) bei gutem Glauben (→*Glaube, guter*) des Erwerbers.
Erwerb, privilegierter	Bezeichnung für das Vermögen, das ein Ehegatte nach Eintritt des →*Güterstands* der →*Zugewinngemeinschaft* von Todes wegen oder mit Rücksicht auf ein künftiges →*Erbrecht*, durch →*Schenkung* oder als →*Ausstattung* erwirbt und das nach Abzug der →*Verbindlichkeit*en dem →*Anfangsvermögen* hinzugerechnet wird, soweit es nicht den Umständen nach zu den Einkünften zu rechnen ist, vgl. § 1374 Abs. 2 BGB. Andere Bezeichnung: →*Anfangsvermögen, privilegiertes.*
Erwerbsgeschäft	I. S. d. § 112 BGB jede selbständige, auf eine gewisse Dauer angelegte und auf Gewinn ausgerichtete erlaubte Tätigkeit.
Erwerbsschaden	Alle wirtschaftlichen Beeinträchtigungen, die ein Geschädigter dadurch erleidet, dass er seine Arbeitskraft infolge einer gegen ihn gerichteten unerlaubten →*Handlung* (→*Handlung, unerlaubte*) nicht mehr oder nicht mehr vollständig einsetzen kann; vgl. §§ 842, 843 BGB.
essentialia negotii	(lat.) notwendiges Geschäft. Notwendiger Mindestinhalt, den ein →*Vertrag* haben muss und über den die Vertragsparteien einig sein müssen, damit ein wirksamer →*Vertrag* zustande kommt.
etwas (§ 812 ff. BGB)	Jeder Vermögensvorteil.
ex ante	(lat.) aus vorher (aus früherer Sicht).
ex lege	(lat.) kraft gesetzlicher Vorschrift.
ex nunc	(lat.) von nun an.
ex officio	(lat.) von Amts wegen.
ex post	(lat.) im Nachhinein.
ex tunc	(lat.) von damals an.
Existenzgründer	Natürliche →*Person* (→*Person, natürliche*), die sich eine Finanzierungshilfe von bis zu 75.000 Euro für

die Aufnahme einer gewerblichen oder selbständigen beruflichen Tätigkeit gewähren lässt, vgl. § 513 BGB.

Exkulpationsmöglichkeit Möglichkeit, eine gesetzliche Vermutung (→*Vermutung, gesetzliche*) durch einen Gegenbeweis zu widerlegen.

F

Factoring Siehe →*Factoringvertrag.*

Factoringvertrag →*Vertrag* über die Übernahme oder Verwaltung bestehender oder entstehender →*Forderung*en eines →*Gläubiger*s (Factoringgeber) gegen dessen →*Schuldner* durch einen Dritten (Factor), i. d. R. gegen →*Entgelt* (Factoringgebühr).

Fahrlässigkeit Fahrlässig handelt, wer die im Verkehr erforderliche Sorgfalt außer Acht lässt, vgl. § 276 Abs. 2 BGB.

Fahrlässigkeit, grobe Verletzung der erforderlichen Sorgfaltspflicht in einem besonders schweren Maße. Der Handelnde lässt außer Acht, was in der konkreten Situation jedem hätte einleuchten müssen.

Fahrlässigkeit, konkrete Siehe →*Sorgfalt in eigenen Angelegenheiten.*

Fahrnis Bezeichnung für bewegliche →*Sache*n (→*Sache, bewegliche*).

Fahrnisverbindung Liegt vor, wenn bewegliche →*Sache*n (→*Sache, bewegliche*) dergestalt miteinander verbunden werden, dass sie wesentliche Bestandteile (→*Bestandteil, wesentlicher*) einer einheitlichen →*Sache* werden, vgl. § 947 BGB.

Fälligkeit Zeitpunkt, von dem ab der →*Gläubiger* die →*Leistung* verlangen kann. Ist eine Zeit für die →*Leistung* weder bestimmt noch aus den Umständen zu entnehmen, so kann der →*Gläubiger* die →*Leistung* sofort verlangen, vgl. § 271 Abs. 1 BGB.

falsa demonstratio non nocet (lat.) eine unrichtige Bezeichnung schadet nicht. Nach diesem Grundsatz ist es für die Wirksamkeit eines →*Vertrags* unschädlich, wenn der Erklärende bei einer →*Willenserklärung* eine objektiv falsche Bezeichnung wählt, die der →*Erklärungsempfänger* aber im Sinne des tatsächlich Gemeinten versteht.

Falschlieferung Siehe →*Aliudlieferung.*

Falschlieferung beim Gattungskauf Siehe →*Aliudlieferung beim Gattungskauf.*

Falschlieferung beim Stückkauf Siehe →*Aliudlieferung beim Stückkauf.*

falsus procurator (lat.) falscher →*Vertreter.*
Siehe →*Vertreter ohne Vertretungsmacht.*

Familie Die durch →*Ehe* und →*Verwandtschaft* miteinander verbundenen natürlichen →*Personen* (→*Person, natürliche*).

Familienname Der personenstandsrechtlich zu führende →*Name,* der in das Geburtenregister einzutragen ist, vgl. § 21 Abs. 1 Nrn. 1, 4 PStG). Im allgemeinen Sprachgebrauch als →*Nachname* bezeichnet.
Siehe auch →*Ehename.*

Familienrecht Viertes Buch des →*BGB.* Regelt die →*Rechtsverhältnisse* der durch →*Ehe,* →*Familie* und →*Verwandtschaft* miteinander verbundenen natürlichen →*Personen* (→*Person, natürliche*).

Familienunterhalt →*Unterhalt,* den die Ehegatten bei bestehender Lebensgemeinschaft dem jeweils anderen und den Kindern schulden, vgl. §§ 1360, 1360a BGB.

Fehlen der Geschäftsgrundlage Anfängliche Fehlvorstellungen der Parteien, die zur Grundlage des →*Vertrags* geworden sind und die so wesentlich sind, dass die Parteien den →*Vertrag* nicht oder mit anderem Inhalt geschlossen hätten, wenn sie ihre Fehlvorstellungen erkannnt hätten, vgl. § 313 Abs. 2 BGB.

Fernabsatzvertrag →*Vertrag* zwischen einem →*Unternehmer* und einem →*Verbraucher,* der unter ausschließlicher Verwendung von →*Fernkommunikationsmitteln* und im Rahmen eines für den Fernabsatz organisierten Vertriebs- oder Dienstleistungssystems erfolgt, vgl. § 312c Abs. 1 BGB

Fernkommunikationsmittel Alle Kommunikationsmittel, die zur Anbahnung oder zum Abschluss eines →*Vertrags* eingesetzt werden können, ohne dass die Vertragsparteien gleichzeitig körperlich anwesend sind, vgl. § 312c Abs. 2 BGB.

Fiktion, gesetzliche Durch das →*Gesetz* wird ein tatsächlicher oder rechtlicher Umstand statuiert, der (eigentlich) gerade nicht vorliegt, vgl. z. B. § 1923 Abs. 2 BGB.

Finder Natürliche →*Person* (→*Person, natürliche*), die eine verlorene →*Sache* (→*Sache, verlorene*) entdeckt und an sich nimmt, vgl. § 965 Abs. 1 BGB.

Finderlohn Lohn, den der →*Finder* von dem Empfangsberechtigten verlangen kann, vgl. § 971 BGB.

Firma Gemäß § 17 HGB der →*Name*, unter dem ein →*Kaufmann* seine Geschäfte betreibt und die →*Unterschrift* abgibt.

Fixgeschäft →*Vertrag*, bei dem vereinbart wird, dass die →*Leistung* einer Partei zu einem bestimmten Zeitpunkt oder innerhalb einer bestimmten →*Frist* erfolgen soll. Zu unterscheiden ist zwischen dem absoluten (→*Fixgeschäft, absolutes*) und dem relativen Fixgeschäft (→*Fixgeschäft, relatives).*

Fixgeschäft im engeren Sinn Siehe →*Fixgeschäft, relatives.*

Fixgeschäft im weiteren Sinn Siehe → *Fixgeschäft, absolutes.*

Fixgeschäft, absolutes Liegt vor, wenn die Einhaltung der →*Leistungszeit* für den →*Gläubiger* derart wesentlich ist, dass eine verspätete →*Leistung* keine →*Erfüllung* mehr darstellt. Nach Zeitablauf tritt →*Unmöglichkeit* ein. Andere Bezeichnung →*Fixgeschäft im weiteren Sinn*; →*Fixgeschäft, uneigentliches*

Fixgeschäft, eigentliches Siehe →*Fixgeschäft, relatives.*

Fixgeschäft, relatives Liegt vor, wenn nach dem Parteiwillen mit Einhaltung der →*Leistungszeit* das Geschäft „stehen und fallen soll", auch wenn eine verspätete →*Leistung* noch möglich ist.
Andere Bezeichnung: →*Fixgeschäft im engeren Sinn*; →*Fixgeschäft, eigentliches*

Fixgeschäft, uneigentliches Siehe →*Fixgeschäft, absolutes.*

Folgeschaden Siehe →*Schaden, mittelbarer.*

Forderung Recht des →*Gläubiger*s gegen den →*Schuldner,* aus einem →*Schuldverhältnis* eine bestimmte →*Leistung* zu verlangen.

Forderungsabtretung Siehe →*Abtretung.*

Forderungsübergang, gesetzlicher Siehe →*Legalzession.*

Form Äußere Gestalt eines →*Rechtsgeschäfts.*

Form, elektronische Ausgestaltung einer →*Urkunde* mit →*Name*n und qualifizierter elektronischer Signatur, vgl. § 126a Abs. 1 BGB.

Form, gewillkürte Liegt vor, wenn die Parteien eines →*Rechtsgeschäfts* selbst die Einhaltung einer bestimmten →*Form* vereinbaren.

Formfreiheit Freiheit, einen →*Vertrag* ohne Einhaltung einer bestimmten →*Form* abschließen zu können. Zum Teil durch →*Formvorschrift*en eingeschränkt.

Formmangel Nichteinhaltung einer rechtgeschäftlich vereinbarten oder gesetzlich vorgeschriebenen →*Form* (siehe auch →*Formvorschrift*en).
Andere Bezeichnung: →*Formverstoß.*

Formmangel, Heilung eines Gesetzlich vorgesehene Möglichkeit, dass ein →*Rechtsgeschäft* trotz eines →*Formmangel*s wirksam wird, siehe z. B. §§ 518 Abs. 2, 766 S. 3 BGB.

Formverstoß Siehe →*Formmangel.*

Formvorschrift Vom →*Gesetz* vorgeschriebene äußere →*Form*, die beim Abschluss bestimmter →*Rechtsgeschäfte* beachtet werden muss. Ausnahme vom Grundsatz der →*Formfreiheit*.

Formzwang Liegt vor, wenn durch das →*Gesetz* für die Wirksamkeit eines →*Rechtsgeschäfts* eine bestimmte →*Form* vorgeschrieben ist.

Franchise Siehe →*Franchisevertrag*.

Franchisevertrag →*Vertrag*, durch den ein →*Unternehmer* (Franchisegeber) einem anderen →*Unternehmer* (Franchisenehmer) gegen →*Entgelt* gestattet, seinen →*Name*n, sein Geschäftskonzept und gegebenenfalls weitere Gegebenheiten zu nutzen.

Franchising Siehe →*Franchisevertrag*.

Freiheit I.S.d. § 823 Abs. 1 BGB nur die körperliche Bewegungsfreiheit.

Freistellungsanspruch →*Anspruch* des →*Schuldner*s gegen einen Dritten auf Befreiung von einer gegenüber seinem →*Gläubiger* bestehenden →*Verbindlichkeit*.
Andere Bezeichnung: →*Befreiungsanspruch*.

Freizeichnung Siehe →*Haftungsausschluss*.

Fremdbesitzer Jemand, der eine →*Sache* in Anerkennung des →*Eigentums* des anderen besitzt.

Fremdbesitzerexzess Liegt vor, wenn ein →*Fremdbesitzer* sein (vermeintliches) →*Besitzrecht* überschreitet.

Fremdbesitzerwille Wille, eine →*Sache* als →*Fremdbesitzer* zu besitzen.

Fremdgeschäftsführungswille Bei der →*Geschäftsführung ohne Auftrag* handelt der Geschäftsführer mit Fremdgeschäftsführungswille, wenn er das Bewusstsein und den Willen hat, das fremde Geschäft als fremdes zu führen.

Fremdwährungsschuld Liegt vor, wenn eine im Inland zu erbringende →*Geldschuld* in einer ausländischen Währung zu erbringen ist, vgl. § 244 BGB.
Andere Bezeichnung: →*Valutaschuld*.

Frist Zeitraum, der bestimmt bezeichnet oder jedenfalls bestimmbar ist und innerhalb dessen eine →*Rechtshandlung* vorzunehmen ist oder ein Ereignis eintreten soll.

Früchte

Siehe →*Früchte eines Rechts*; →*Früchte einer Sache*.

Früchte einer Sache

Erzeugnisse der →*Sache* und die sonstige Ausbeute, welche aus der →*Sache* ihrer Bestimmung gemäß gewonnen wird, § 99 Abs. 1 BGB, sowie die Erträge, welche eine →*Sache* vermöge eines →*Rechtsverhältnis*ses gewährt, § 99 Abs. 3 BGB.
Andere Bezeichnung: →*Sachfrüchte*.

Früchte eines Rechts

Erträge, welche das Recht seiner Bestimmung gemäß gewährt, insbesondere bei einem Recht auf Gewinnung von Bodenbestandteilen die gewonnenen Bestandteile, § 99 Abs. 2 BGB, sowie die Erträge, welche ein Recht vermöge eines →*Rechtsverhältnis*ses gewährt, § 99 Abs. 3 BGB.
Andere Bezeichnung: →*Rechtsfrüchte*.

Fund

Verlorene bewegliche →*Sache* (→*Sache, bewegliche*), die eine natürliche →*Person* (→*Person, natürliche*), der →*Finder*, entdeckt und an sich nimmt, vgl. § 965 BGB.

G

Garantie

Zusage einer →*Person*, für das Eintreten oder Nichteintreten eines Erfolgs einzustehen.
Siehe auch →*Garantievertrag*

Garantievertrag

→*Vertrag*, durch den eine →*Person* (Garant) einer anderen zusagt, für das Eintreten oder Nichteintreten eines Erfolgs einzustehen.

Gattung

Gesamtheit von Gegenständen (→*Gegenstand*), die durch gemeinsame Merkmale gekennzeichnet sind.

Gattungskauf

→*Kauf* eines nur der →*Gattung* nach bestimmten →*Gegenstand*es.

Gattungsschuld

Liegt vor, wenn der →*Schuldner* eine oder mehrere Gegenstände (→*Gegenstand*) aus einer bestimmten →*Gattung* zu leisten hat.

Gattungsschuld, beschränkte

Liegt vor, wenn die Parteien die Leistungspflicht auf einen Teil einer →*Gattung* oder einen bestimm-

ten Vorrat beschränkt haben.
Andere Bezeichnung: →*Vorratsschuld*.

Gattungsvermächtnis →*Vermächtnis*, bei dem der vermachte →*Gegenstand* nur der →*Gattung* nach bestimmt ist, vgl. § 2155 BGB.

Gattungsvollmacht →*Vollmacht*, die zur Vornahme einer bestimmten Art von →*Rechtsgeschäft*en ermächtigt.
Andere Bezeichnung: →*Artvollmacht*.

GbR Abkürzung für →*Gesellschaft bürgerlichen Rechts*.

GdbR Abkürzung für →*Gesellschaft bürgerlichen Rechts*.

Gebrauchsvorteil Vorteil, den der Gebrauch einer →*Sache* oder eines →*Recht*s gewährt, ohne dass es sich dabei um →*Früchte* (→*Früchte einer Sache*, → *Früchte eines Rechts*) handelt, vgl. § 100 BGB.

Geburt, Vollendung der Ist mit dem vollständigen Austritt aus dem Mutterleib erfolgt. Das Abtrennen der Nabelschnur ist nicht erforderlich.

Geburtsname Der in die Geburtsurkunde eingetragene →*Name*, nicht zwingend der →*Name* bei der Geburt (→*Geburt, Vollendung der*).

Gefährdungshaftung Verschuldensunabhängige →*Haftung*, die darauf beruht, dass der Ersatzpflichtige durch eine erlaubte Tätigkeit seine Umgebung unvermeidlich gefährdet.

Gefahrübergang Zeitpunkt des Übergangs des Risikos einer zufälligen Zerstörung oder Verschlechterung einer →*Sache* vom →*Schuldner* auf den →*Gläubiger*.

Gefälligkeitsverhältnis Unentgeltliche Erbringung einer Tätigkeit ohne rechtliche Verpflichtung dazu. Mangels rechtlicher →*Verbindlichkeit* wird hier kein →*Schuldverhältnis* begründet.

Gegenforderung Die einer →*Forderung* gegenüberstehende →*Forderung*.

Gegenleistung Bei einem gegenseitigen →*Vertrag* (→*Vertrag, gegenseitiger*) die →*Leistung*, die dem anderen Vertragspartner im Gegenzug zu dessen →*Leistung* zu erbringen ist.

Gegenleistungsgefahr Siehe →*Preisgefahr.*

Gegennorm Führt dazu, dass ein Recht nicht entsteht, erlischt oder nicht durchsetzbar ist. Zu den Gegennormen zählen →*Einwendung*en und →*Einrede*n.

Gegenstand Alles, was Objekt von Rechten sein kann. Dazu zählen →*Sache*n, →*Forderung*en und sonstige Rechte.

Gegenstand, körperlicher Siehe →*Sache.*

Gehaltswucher Siehe →*Lohnwucher.*

Geheißerwerb Liegt vor, wenn vom Erwerber oder vom Veräußerers eine dritte →*Person* (→*Geheißperson*) in die Übertragung des →*Eigentums* an einer beweglichen →*Sache* (→*Sache, bewegliche*) eingeschaltet wird, die weder →*Besitzmittler* noch →*Besitzdiener* ist.

Geheißperson →*Person*, die vom Erbwerber oder Veräußerer einer beweglichen →*Sache* (→*Sache, bewegliche*) in eine Eigentumsübertragung eingeschaltet wird und die weder →*Besitzmittler* noch →*Besitzdiener* ist.

Gehilfe Im →*Deliktsrecht* eine natürliche →*Person* (→*Person, natürliche*), die einem anderen zu dessen vorsätzlich begangener unerlaubter →*Handlung* (→*Handlung, unerlaubte*) Hilfe leistet. Steht haftungsrechtlich →*Mittäter*n gleich, vgl. § 830 Abs. 2 BGB.
Siehe auch →*Beteiligte* (→*Deliktsrecht).*

Geldschuld Liegt vor, wenn das Leistungsobjekt eine Geldsumme (→*Geldsummenschuld*) oder ein Geldwert (→*Geldwertschuld*) ist.

Geldsummenschuld Liegt vor, wenn eine →*Geldschuld* ziffernmäßig in einer konkreten Währung bestimmt ist (z. B. der Kaufpreis beim →*Kaufvertrag*).

Geldwertschuld Liegt vor, wenn die Höhe der →*Geldschuld* durch einen zu leistenden oder ersetzenden Wert oder Umstand bestimmt wird (z. B. einen →*Anspruch*

	auf →*Schadensersatz* oder →*Unterhalt*). Wird sie beziffert, wird sie zur →*Geldsummenschuld*.
Gemeinschaft nach Bruchteilen	Siehe →*Bruchteilsgemeinschaft*.
Gemeinschaftsverhältnis, nachbarliches	Aus dem Grundsatz von →*Treu und Glauben*, § 242 BGB, resultierende Verpflichtung der Grundstücksnachbarn zur gegenseitigen Rücksichtnahme.
Genehmigung	1. Die nachträgliche →*Zustimmung*, vgl. § 184 Abs. 1 BGB. 2. Abweichend von § 184 Abs. 1 BGB sowohl die vor Geschäftsabschluss erklärte familiengerichtliche Zustimmung als auch die nachträgliche Billigung.
Generaleinwilligung	→*Einwilligung* zu einer bestimmten Art oder einem bestimmten Kreis noch nicht individualisierter →*Rechtsgeschäfte*. Andere Bezeichnung: →*Generalkonsens*.
Generalklausel	Gesetzliche Norm, die durch allgemein gefasste Formulierungen möglichst viele Tatbestände erfassen soll.
Generalkonsens	Siehe →*Generaleinwilligung*.
Generalvollmacht	→*Vollmacht*, die zur Vornahme aller →*Rechtsgeschäfte* berechtigt, bei denen eine →*Vertretung* zulässig ist.
Gesamtgläubiger	Siehe →*Gesamtgläubigerschaft*.
Gesamtgläubigerschaft	Liegt vor, wenn mehrere →*Gläubiger* berechtigt sind, die ganze →*Leistung* zu fordern, die der →*Schuldner* aber nur einmal zu →*bewirken* verpflichtet ist, vgl. § 428 BGB.
Gesamtgut	Das gemeinschaftliche Vermögen der Ehegatten beim →*Güterstand* der →*Gütergemeinschaft*, vgl. § 1416 BGB.
Gesamthandseigentum	Liegt vor, wenn das →*Eigentum* an einer →*Sache* mehreren →*Personen* gemeinsam zusteht.
Gesamthandsgemeinschaft	Liegt vor, wenn den einzelnen Mitgliedern die Vermögensgegenstände nicht anteilig, sondern als

	Ganzes („zur gesamten Hand") zustehen, z. B. bei einer →*Erbengemeinschaft*.
Gesamthypothek	Liegt vor, wenn für eine →*Forderung* eine einheitliche →*Hypothek* an mehreren →*Grundstück*en besteht, vgl. § 1132 Abs. 1 BGB
Gesamtrechtsnachfolge	Siehe →*Universalsukzession*.
Gesamtschuld	Liegt vor, wenn mehrere →*Schuldner* für eine Schuld in der Weise haften, dass jeder von ihnen die ganze →*Leistung* zu →*bewirken* verpflichtet, der →*Gläubiger* aber die →*Leistung* nur einmal zu fordern berechtigt ist, vgl. § 421 S. 1 BGB.
Gesamtschuldner	Siehe →*Gesamtschuld*.
Gesamtvertretung	Liegt vor, wenn mehrere →*Person*en nur gemeinsam zur →*Vertretung* berechtigt sind.
Gesamtvollmacht	→*Vollmacht*, nach der mehrere →*Person*en nur gemeinsam zur →*Vertretung* berechtigt sind
Geschäft (GoA)	Jedes rechtsgeschäftliche oder tatsächliche →*Handeln* mit wirtschaftlichen Folgen.
Geschäft des täglichen Lebens	→*Rechtsgeschäft*, das nach der →*Verkehrsanschauung* zu den alltäglichen Geschäften zählt.
Geschäft für den, den es angeht	Ausnahme vom →*Offenkundigkeitsprinzip*. Bei Bargeschäften des täglichen Lebens, bei denen davon auszugehen ist, dass es dem anderen Teil gleichgültig ist, wer sein Vertragspartner ist, braucht die →*Vertretungsmacht* nicht offenbart zu werden.
Geschäft, auch fremdes (GoA)	Geschäft, dessen Übernahme sowohl im eigenen Interesse des Geschäftsführers als auch in dem eines Dritten liegt.
Geschäft, dissimuliertes	Das durch ein →*Scheingeschäft* verdeckte →*Rechtsgeschäft*, vgl. § 117 Abs. 2 BGB.
Geschäft, fremdes (GoA)	Geschäft, das zumindest auch in den Rechts- und Interessenkreis eines anderen fällt. Bei der →*Geschäftsführung ohne Auftrag* ist zwischen dem objektiv-fremden (→*Geschäft, objektiv-*

fremdes (GoA)), dem subjektiv-fremden (→*Geschäft, subjektiv-fremdes (GoA)*) und dem auch fremden Geschäft (→*Geschäft, auch fremdes (GoA)*) zu unterscheiden.

Geschäft, objektiv fremdes (GoA) Geschäft, das schon nach seinem äußeren Erscheinungsbild in den Rechts- und Interessenkreis eines anderen fällt.

Geschäft, simuliertes Siehe →*Scheingeschäft.*

Geschäft, subjektiv fremdes (GoA) Geschäft, das sowohl zum Rechtskreis des Geschäftsführers als auch des Geschäftsherrn gehören kann und erst durch den →*Fremdgeschäftsführungswillen* des Geschäftsführers Fremdbestimmung erlangt.

Geschäftsanmaßung Liegt vor, wenn jemand ein fremdes Geschäft (→*Geschäft, fremdes*) als sein eigenes führt, obwohl er weiß, dass er dazu nicht berechtigt ist, vgl. § 687 Abs. 2 BGB.
Andere Bezeichnungen: →*Eigengeschäftsführung, angemaßte*; →*Eigengeschäftsführung, böswillige*; →*Geschäftsführung, angemaßte.*

Geschäftsbedingungen, allgemeine Alle für eine Vielzahl von Verträgen (→*Vertrag*) vorformulierten Vertragsbedingungen, die eine Vertragspartei (Verwender) der anderen Vertragspartei bei Abschluss eines →*Vertrag*s stellt. Gleichgültig ist, ob die Bestimmungen einen äußerlich gesonderten Bestandteil des →*Vertrag*s bilden oder in die Vertragsurkunde selbst aufgenommen werden, welchen Umfang sie haben, in welcher Schriftart sie verfasst sind und welche →*Form* der →*Vertrag* hat. Allgemeine Geschäftsbedingungen liegen nicht vor, soweit die Vertragsbedingungen zwischen den Vertragsparteien im Einzelnen ausgehandelt (→*Aushandeln*) sind, vgl. § 305 Abs. 1 BGB.
Abkürzung: →*AGB.*

Geschäftsbedingungen, allgemeine, Inhaltskontrolle von Inhaltliche Prüfung von →*AGB* (→*Allgemeine Geschäftsbedingungen*) auf ihre rechtliche Wirksamkeit, vgl. §§ 307 ff. BGB.

Geschäftsbesorgung 1. Beim →*Auftragsvertrag* und der →*Geschäftsführung ohne Auftrag*: jede Tätigkeit im fremden Interesse.
2. Beim →*Geschäftsbesorgungsvertrag*: Jede selbständige, wirtschaftliche Tätigkeit in fremdem Interesse.

Geschäftsbesorgungsvertrag Ein →*Dienst-* oder →*Werkvertrag*, der eine →*Geschäftsbesorgung* zum Gegenstand hat, vgl. § 675 Abs. 1 BGB.

Geschäftsfähigkeit Fähigkeit, durch →*Willenserklärung*en Rechtsfolgen herbeiführen und damit →*Rechtsgeschäfte* selbst vornehmen zu können.

Geschäftsfähigkeit, beschränkte Besteht vom vollendeten siebten Lebensjahr bis zum vollendeten achtzehnten Lebensjahr, §§ 2, 106 BGB. →*Willenserklärung*en von beschränkt geschäftsfähigen →*Person*en, durch die diese nicht einen lediglich rechtlichen Vorteil erlangen, sind nur mit →*Zustimmung* der gesetzlichen →*Vertreter* (→*Vertreter, gesetzlicher*) wirksam, vgl. §§ 107 ff. BGB.

Geschäftsführung ohne Auftrag Liegt vor, wenn jemand (der Geschäftsführer) für einen anderen (den Geschäftsherrn) ein Geschäft besorgt, ohne von ihm beauftragt oder ihm gegenüber sonst dazu berechtigt zu sein, vgl. § 677 BGB. Abkürzung: →*GoA*.

Geschäftsführung ohne Auftrag, berechtigte Liegt vor, wenn die Übernahme dem objektiven Interesse und dem wirklichen oder mutmaßlichen Willen (soweit dieser nicht nach § 679 BGB unbeachtlich ist) des Geschäftsherrn entspricht oder wenn dieser die Geschäftsführung genehmigt, vgl. §§ 670, 677, 683 ff. BGB.

Geschäftsführung ohne Auftrag, echte Bezeichnung für die →*Geschäftsführung ohne Auftrag* als Unterscheidung zur unechten Geschäftsführung ohne Auftrag (→*Geschäftsführung ohne Auftrag, unechte*), bei der keine →*Geschäftsführung ohne Auftrag* vorliegt.

Geschäftsführung ohne Auftrag, nicht berechtigte Siehe →*Geschäftsführung ohne Auftrag, unberechtigte*.

Geschäftsführung ohne Auftrag, unberechtigte →*Geschäftsführung ohne Auftrag*, bei der die Übernahme nicht dem Interesse und dem wirklichen oder mutmaßlichen Willen des Geschäftsherrn entspricht und die auch nicht vom Geschäftsherrn genehmigt wurde.
Andere Bezeichnung: →*Geschäftsführung ohne Auftrag, nicht berechtigte*.

Geschäftsführung ohne Auftrag, unechte Bezeichnung für die Fälle der →*Eigengeschäftsführung*. Hier liegt keine →*Geschäftsführung ohne Auftrag* vor.
Siehe auch →*Geschäftsführung ohne Auftrag, echte*.

Geschäftsführung, angemaßte Siehe →*Geschäftsanmaßung*.

Geschäftsunfähigkeit Unfähigkeit, durch eigene →*Willenserklärung*en Rechtsfolgen herbeiführen zu können, vgl. § 105 Abs. 1 BGB. Geschäftsunfähig sind →*Person*en unter sieben Jahren und solche, die unter einer dauerhaften, krankhaften Störung der Geistestätigkeit (→*Geschäftsunfähigkeit, natürliche*) leiden, vgl. 104 BGB.

Geschäftsunfähigkeit, natürliche →*Geschäftsunfähigkeit* wegen dauerhafter, krankhafter Störung der Geistestätigkeit, vgl. § 104 Nr. 2 BGB.

Geschäftsunfähigkeit, partielle Liegt vor, wenn eine krankhafte Störung der Geistestätigkeit auf einen bestimmten Lebensbereich begrenzt ist. Für die übrigen Lebensbereiche besteht dann volle →*Geschäftsfähigkeit*.

Geschäftswille Bestandteil des subjektiven Tatbestands einer →*Willenserklärung* (→*Willenserklärung, subjektiver Tatbestand einer*). Der Wille, eine ganz konkrete Rechtsfolge herbeizuführen. Fehlt der Geschäftswille, ist die →*Willenserklärung* wirksam, kann aber angefochten (→*Anfechtung*) werden.
Andere Bezeichnung: →*Rechtsfolgenwille*.

Gesellschaft bürgerlichen Rechts Vertraglicher Zusammenschluss von →*Person*en zur Förderung und/oder Erreichung eines gemeinsamen Zwecks, vgl. §§ 705 ff. BGB.
Grundform der →*Personengesellschaft*en.

	Andere Bezeichnung: →*BGB-Gesellschaft*. Abkürzungen: →*GbR*, teilweise auch →*GdbR*.
Gesellschaft mit beschränkter Haftung	Juristische →*Person* (→*Person, juristische*) in Form einer Kapitalgesellschaft. Sie ist Träger von Rechten und Pflichten und kann vor Gericht klagen und verklagt werden, vgl. § 13 Abs. 1 GmbHG. Sie haftet nur mit ihrem Geschäftsvermögen, nicht jedoch mit dem Privatvermögen ihrer Gesellschafter. Abkürzung: →*GmbH*.
Gesetz	Im Sinne des →*BGB* (→*Bürgerliches Gesetzbuch*) jede Rechtsnorm, vgl. Art. 2 EGBGB.
Gesetzesauslegung	Siehe →*Auslegung von Gesetzen*.
Gestaltungserklärung	Einseitige, empfangsbedürftige →*Willenserklärung*, (→*Willenserklärung, empfangsbedürftige*) durch die ein →*Gestaltungsrecht* ausgeübt wird.
Gestaltungsfreiheit	Siehe →*Inhaltsfreiheit*.
Gestaltungsgeschäft	→*Willenserklärung*, durch die von einem →*Gestaltungsrecht* Gebrauch gemacht wird.
Gestaltungsrecht	Subjektives Recht, durch das ein →*Rechtsverhältnis* ohne Mitwirkung eines anderen begründet, aufgehoben oder inhaltlich geändert werden kann.
Gesundheitsverletzung	I.S.d. § 823 Abs. 1 BGB jede Störung der körperlichen, geistigen oder seelischen Lebensvorgänge.
Getrenntleben	Ehegatten leben getrennt, wenn zwischen ihnen keine häusliche Gemeinschaft besteht und mindestens ein Ehegatte sie erkennbar nicht herstellen will, weil er die eheliche Lebensgemeinschaft (→*Lebensgemeinschaft, eheliche*) ablehnt, vgl. § 1567 Abs. 1 S. 1 BGB.
Gewährleistung	Einstehenmüsssen für eine mangelhafte →*Leistung*.
Gewährleistungsausschluss	Gesetzliche oder rechtsgeschäftliche Regelung, die bewirkt, dass Gewährleistungsrechte nicht geltend gemacht werden können.
Gewalt, höhere	Liegt vor, wenn ein →*Schaden* durch ein außergewöhnliches, von außen einwirkendes und betriebsfremdes Ereignis verursacht wird, das nach

	menschlicher Einsicht und Erfahrung unvorhersehbar ist und auch mit äußerster Sorgfalt nicht vermieden werden kann.
Gewerbebetrieb, eingerichteter und ausgeübter	Offener Auffangtatbestand, der dem Schutz des Betriebsinhabers vor betriebsbezogenen Eingriffen dient. →*Rahmenrecht*; wird als sonstiges Recht i. S. d. § 823 Abs. 1 BGB angesehen.
Gewinn	I.S.d. § 252 BGB jeder Vermögensvorteil.
Gewinn, entgangener	Der →*Gewinn*, welcher nach dem gewöhnlichen Lauf der Dinge oder nach den besonderen Umständen, insbesondere nach den getroffenen Anstalten und Vorkehrungen, mit Wahrscheinlichkeit erwartet werden konnte, vgl. § 252 S. 2 BGB
Gewohnheitsrecht	Entsteht durch eine längere tatsächliche Übung, die von den beteiligten Rechtsgenossen als verbindlich angesehen wird.
Glaube, böser	Siehe →*Bösgläubigkeit.*
Glaube, guter	Siehe →*Gutgläubigkeit.*
Glaube, öffentlicher	Für →*Eintragung*en in bestimmten Büchern (z. B. →*Grundbuch*) geltende Vermutung der Richtigkeit.
Gläubiger	→*Person*, die aus einem →*Schuldverhältnis* berechtigt ist, vom →*Schuldner* eine →*Leistung* zu fordern, vgl. § 241 Abs. 1 BGB.
Gläubigerbefriedigung	Siehe →*Befriedigung.*
Gläubigermehrheit	Liegt vor, wenn mehrere →*Gläubiger* an einem →*Schuldverhältnis* beteiligt sind.
Gläubigerverzug	Siehe →*Annahmeverzug.*
Globalzession	→*Abtretung* einer Gesamtheit von bestehenden und/oder künftigen →*Forderung*en.
GmbH	Abkürzung für →*Gesellschaft mit beschränkter Haftung.*
GoA	Abkürzung für →*Geschäftsführung ohne Auftrag.*
Grad der Verwandtschaft	Siehe →*Verwandtschaft, Grad der.*

Grenzabmarkung Siehe →*Abmarkung*.

Grund, wichtiger 1. Als Voraussetzung für die außerordentliche →*Kündigung* (→*Kündigung, außerordentliche)* von →*Dauerschuldverhältnis*sen, vgl. § 314 BGB: Gegeben, wenn →*Tatsach*en vorliegen, die unter Berücksichtigung aller Umstände und unter Abwägung der beiderseitigen Interessen die Fortsetzung des →*Vertrag*s für den Kündigenden unzumutbar machen.
2. Als Rücktrittsgrund vom →*Verlöbnis*, vgl. § 1298 Abs. 3 BGB: Gegeben bei →*Tatsache*n, die bei sachlicher Würdigung geeignet gewesen wären den Verlobten von der Eingehung des →*Verlöbnis*ses abzuhalten.

Grundbuch Bei den Grundbuchämtern (→*Grundbuchamt*) geführtes öffentliches Register, in dem die →*Grundstück*e sowie die an den →*Grundstück*en bestehenden Rechte verzeichnet sind.

Grundbuch, Berichtigung des Siehe →*Grundbuchberichtigung*.

Grundbuchamt Stellen, die die Grundbücher (→*Grundbuch*) führen, i. d. R. eigene Abteilungen bei den Amtsgerichten, vgl. § 1 GBO.

Grundbuchberichtigung Korrektur einer nicht mit der tatsächlichen Rechtslage übereinstimmenden →*Eintragung* im →*Grundbuch*.

Grundbuchberichtigungsanspruch →*Anspruch* des Inhabers eines Rechts an einem →*Grundstück* auf Korrektur einer nicht mit der tatsächlichen Rechtslage übereinstimmenden →*Eintragung* im →*Grundbuch*, vgl. § 894 BGB.

Grunddienstbarkeit Liegt vor, wenn ein →*Grundstück* zugunsten des jeweiligen →*Eigentümer*s eines anderen →*Grundstück*s in der Weise belastet wird, dass dieser das →*Grundstück* in einzelnen Beziehungen benutzen darf oder dass auf dem →*Grundstück* gewisse →*Handlung*en nicht vorgenommen werden dürfen oder dass die Ausübung eines Rechts ausgeschlossen ist, das sich aus dem →*Eigentum* an dem belasteten →*Grundstück* dem anderen →*Grundstück* gegenüber ergibt, vgl. § 1018 BGB.

Grundeigentum Das →*Eigentum* an einem →*Grundstück*. Erstreckt sich auch auf den Raum über der Oberfläche und auf den Erdkörper unter der Oberfläche, vgl. § 905 BGB.

Grundpfandrecht Dingliches Verwertungsrecht an einem →*Grundstück*. Grundpfandrechte sind →*Hypothek* (§§ 1113 ff. BGB), →*Grundschuld* (§§ 1191 ff. BGB) und →*Rentenschuld* (§§ 1199 ff. BGB).

Grundsatz der Eigenverantwortung Besagt, dass es grundsätzlich jedem Ehegatten selbst obliegt nach der →*Ehescheidung* für seinen Unterhalt zu sorgen, vgl. § 1569 S. 1 BGB. Er wird ergänzt und modifiziert durch den →*Grundsatz der nachehelichen Mitverantwortung*.

Grundsatz der nachehelichen Mitverantwortung Besagt, dass der wirtschaftlich besser gestellte Ehegatte nach der →*Ehescheidung* aufgrund der fortwirkenden nachehelichen Solidarität zu Unterhaltsleistungen verpflichtet sein kann, wenn und soweit der andere Ehegatte seinen Lebensbedarf nicht vollständig decken kann; vgl. §§ 1569 S. 2, 1570 ff. BGB.

Grundschuld Belastung eines →*Grundstücks* in der Weise, dass an den Begünstigten eine bestimmte Summe aus dem →*Grundstück* zu zahlen ist, vgl. § 1191 BGB. Sie ist im Gegensatz zur →*Hypothek* nicht akzessorisch (→*Akzessorietät*) zu einer dadurch gesicherten →*Forderung*.

Grundschuldbrief →*Urkunde* über eine im →*Grundbuch* eingetragene →*Grundschuld*.

Grundstück Ein durch amtliche Vermessung bestimmter Teil der Erdoberfläche, der im →*Grundbuch* auf einem gesonderten Grundbuchblatt oder unter einer eigenen Nummer im Bestandsverzeichnis auf einem gemeinschaftlichen Grundbuchblatt verzeichnet ist.

Grundstückskaufvertrag →*Kaufvertrag* über ein →*Grundstück*. Bedarf zu seiner Wirksamkeit der notariellen Beurkundung, § 311b Abs. 1 BGB.

Gütergemeinschaft Durch →*Ehevertrag* vereinbarter →*Güterstand*, bei dem grundsätzlich das gesamte vor und während der →*Ehe* erworbene Vermögen kraft Gesetzes gemeinschaftliches Vermögen der Ehegatten wird (→*Gesamtgut*) vgl. § 1415 ff. BGB.
Siehe auch →*Sondergut*; →*Vorbehaltsgut*.

Güterrecht, eheliches Gesamtheit der rechtlichen Regelungen über die vermögensrechtlichen Beziehungen der Ehegatten untereinander; vgl. §§ 1363 ff. BGB.
Andere Bezeichnung →*Ehegüterrecht*.

Güterrechtsregister Bei den Amtsgerichten geführtes öffentliches Register, in dem auf Antrag abweichende Regelungen zum gesetzlichen →*Güterstand* (→*Güterstand, gesetzlicher*) eingetragen werden, vgl. §§ 1558, 1560 BGB.

Güterstand Bestimmt die vermögensrechtlichen Beziehungen der Ehegatten untereinander.
Gesetzlich geregelte Güterstände sind die →*Zugewinngemeinschaft*, die →*Gütertrennung* und die →*Gütergemeinschaft*.

Güterstand, gesetzlicher Ist die →*Zugewinngemeinschaft*. Er tritt ein, wenn die Ehegatten nicht durch →*Ehevertrag* etwas anderes vereinbaren, vgl. § 1363 Abs. 1 BGB.

Gütertrennung Vertraglicher →*Güterstand*, bei dem das Vermögen des Mannes und das Vermögen der Frau nicht gemeinschaftliches Vermögen der Ehegatten werden und bei Beendigung der →*Ehe* (→*Ehe, Beendigung der*) kein →*Zugewinnausgleich* stattfindet, vgl. § 1414 BGB.

Gutgläubigkeit Fehlvorstellung über die wirkliche Rechtslage, wenn diese nicht bekannt und nicht aufgrund grober →*Fahrlässigkeit* (→*Fahrlässigkeit, grobe*) unbekannt ist.

H

Haftung	1. Unterworfensein des Vermögens des →*Schuldners* gegenüber dem Zugriff des →*Gläubigers*. 2. Einstehenmüssen für eine auf einem →*Schuldverhältnis* beruhende Schuld.
Haftung, beschränkte	Siehe →*Haftungsbeschränkung*.
Haftungsausschluss, vertraglicher	Vertragliche Ausschluss einer im →*Gesetz* vorgesehenen →*Haftung*. Andere Bezeichnung: →*Freizeichnung*.
Haftungsbeschränkung	Beschränkt die →*Haftung* der Höhe nach und/oder schließt die →*Haftung* für →*Fahrlässigkeit* aus bzw. schränkt diese auf bestimmte Fahrlässigkeitsformen ein. Haftungsbeschränkungen können sich aus →*Gesetz* (→*Haftungsbeschränkung, gesetzliche*) oder →*Vertrag* (→*Haftungsbeschränkung, vertragliche*) ergeben.
Haftungsbeschränkung, gesetzliche	Gesetzliche Regelung, die bestimmt, dass die →*Haftung* der Höhe nach beschränkt ist oder die die →*Haftung* für →*Fahrlässigkeit* ausschließt bzw. auf bestimmte Fahrlässigkeitsformen einschränkt.
Haftungsbeschränkung, vertragliche	Vertragliche Vereinbarung, die bestimmt, dass die →*Haftung* der Höhe nach beschränkt ist oder die die →*Haftung* für →*Fahrlässigkeit* ausschließt bzw. auf bestimmte Fahrlässigkeitsformen einschränkt.
Haltbarkeitsgarantie	→*Garantie* dafür, dass eine →*Sache* für eine bestimmte Dauer eine bestimmte →*Beschaffenheit* behält, vgl. § 443 Abs. 2 BGB
Halter	Derjenige, der die Bestimmungsmacht über eine →*Sache* oder ein Tier (→*Luxustier*, →*Nutztier*) hat, aus eigenen Interessen für die Kosten der →*Sache* oder des Tieres aufkommt und dem der Nutzen der →*Sache* oder des Tieres zukommt.
Halter eines Tieres	Siehe →*Tierhalter*.
Halterhaftung	→*Haftung* des →*Halters* für einen →*Schaden*.
Handeln	Siehe →*Handlung*.

Handelsgewerbe Jeder Gewerbebetrieb, es sei denn, dass das Unternehmen nach Art oder Umfang einen in kaufmännischer Weise eingerichteten Geschäftsbetrieb nicht erfordert, vgl. § 1 Abs. 2 HGB.

Handelsregister Bei den Amtsgerichten elektronisch geführtes öffentliches Register, das bestimmte rechtserhebliche →*Tatsachen* und Verhältnisse offenkundig macht, vgl. §§ 8 ff. HGB.

Handkauf Liegt vor, wenn →*Kaufvertrag* und →*Verfügungsgeschäft* in einem tatsächlichen Vorgang zusammenfallen.

Handlung Jedes menschliche Verhalten, das der Bewusstseinskontrolle und der Willenslenkung unterliegt und somit beherrschbar ist.

Handlung, geschäftsähnliche Private Willensäußerung, die auf einen tatsächlichen Erfolg gerichtet ist, an die das →*Gesetz* aber Rechtsfolgen knüpft, unabhängig davon, ob diese gewollt sind (z. B. die →*Mahnung*, vgl. § 286 Abs. 1 S. 1 BGB)

Handlung, konkludente Siehe →*Verhalten, schlüssiges.*

Handlung, rechtswidrige →*Handlung*, die der Rechtsordnung widerspricht.

Handlung, schlüssige Siehe →*Verhalten, schlüssiges.*

Handlung, unerlaubte Widerrechtlicher Eingriff in ein geschütztes Recht oder →*Rechtsgut*, durch den ein →*Schaden* eintritt.

Handlungsfähigkeit Fähigkeit, durch eigenes →*Handeln* Rechtsfolgen herbeizuführen.

Handlungsstörer (§ 1004 BGB) Derjenige, der eine Eigentumsbeeinträchtigung durch sein Verhalten adäquat verursacht hat.

Handlungswille Bestandteil des subjektiven Tatbestands *einer* →*Willenserklärung* (→*Willenserklärung, subjektiven Tatbestand einer*). Liegt vor, wenn der Erklärende das Bewusstsein hat, in irgendeiner Weise zu handeln. Notwendiger Bestandteil einer wirksamen →*Willenserklärung.*

Härtefallscheidung Scheidungstatbestand des § 1565 Abs. 2 BGB, also eine →*Ehescheidung* vor Ablauf des →*Trennungsjahrs*. Setzt voraus, dass die Fortsetzung der →*Ehe* für den Antragsteller aus Gründen, die in der Person des anderen Ehegatten liegen, eine unzumutbare Härte darstellen würde.

Hauptleistungspflichten Pflichten, derentwegen der →*Vertrag* geschlossen wurde. Stehen bei einem gegenseitigen →*Vertrag* (→*Vertrag, gegenseitiger*) im Gegenseitigkeitsverhältnis.

Hauptsache (§ 947 BGB) Dadurch gekennzeichnet, dass die übrigen Bestandteile fehlen können, ohne dass das Wesen einer →*Sache* dadurch beeinträchtigt würde. Ob das der Fall ist bestimmt sich nach der →*Verkehrsanschauung*.

Haushaltsgegenstand →*Sache*, die sich im räumlich gegenständlichen Bereich der Ehegatten befindet und der gemeinsamen Lebensführung dient.

Heilung Siehe →*Formmangel, Heilung eines.*

Heirat Siehe →*Eheschließung.*

Heiratsvermittlung Versprechen eines Lohnes für den Nachweis der Gelegenheit zur Eingehung einer →*Ehe* oder für die Vermittlung des Zustandekommens einer →*Ehe*. Eine Verbindlichkeit wird dadurch nicht begründet. Das aufgrund des Versprechens Geleistete kann aber nicht deshalb zurückgefordert werden, weil eine solche Verbindlichkeit nicht bestanden hat, vgl. § 656 Abs. 1 BGB.

Hemmung der Verjährung Siehe →*Verjährung, Hemmung der.*

Herrenlosigkeit Siehe →*Sache, herrenlose.*

Hersteller 1. Grundsätzlich derjenige, in dessen Namen und wirtschaftlichen Interesse etwas hergestellt wird. Bestimmt sich nach der →*Verkehrsanschauung*.
2. Im Rahmen des ProduktHaftG und soweit auf dieses verwiesen wird (z. B. in § 434 Abs. 1 S. 3 BGB), die in § 4 ProduktHaftG genannten →*Personen*.

Herstellerhaftung Siehe →*Produzentenhaftung.*

Hinterlegung Die unter den in § 372 BGB genannten Voraussetzungen im Rahmen eines →*Schuldverhältnis*ses erfolgende Übergabe eines hinterlegungsfähigen →*Gegenstand*s durch den →*Schuldner* an eine öffentliche Hinterlegungsstelle.

Holschuld Der →*Gläubiger* muss die →*Leistung* beim →*Schuldner* holen. Der →*Schuldner* braucht die →*Leistung* nur an seinem Sitz bereitzuhalten. →*Leistungsort* und →*Erfolgsort* sind der Sitz des →*Schuldner*s.

Hypothek Belastung eines →*Grundstück*s in der Weise, dass an denjenigen, zu dessen Gunsten die Belastung erfolgt, eine bestimmte Geldsumme zur →*Befriedigung* wegen einer ihm zustehenden →*Forderung* aus dem →*Grundstück* zu zahlen ist, vgl. § 1113 BGB.

Hypothekenbrief →*Urkunde* über eine im →*Grundbuch* eingetragene →*Hypothek.*

I

Idealverein Siehe →*Verein, nicht-wirtschaftlicher.*

Identitätsirrtum →*Irrtum*, bei dem sich der Erklärende über die Identität des Geschäftsgegenstands, die des Geschäftspartners oder des Geschäftstyps irrt.

IKEA-Klausel Bezeichnung für den in § 434 Abs. 2 S. 2 BGB genannten →*Sachmangel*, die mangelhafte Montageanleitung (→*Montageanleitung, mangelhafte*).

Immaterialgüter Unkörperliche Güter, die einen eigenen Vermögenswert haben (z. B. Patent-, Urheber- und Markenrechte).

Immaterialgüterrecht Recht an unkörperlichen Gütern, die einen eigenen Vermögenswert haben.

Immission Zuführung unwägbarer Stoffe (z. B. Gase, Dämpfe, Gerüche, Rauch, Ruß, Wärme, Geräusch, Erschütterung).

Der →*Eigentümer* eines →*Grundstücks* kann die Zuführung von Immissionen, die von einem anderen →*Grundstück* ausgehen, insoweit nicht verbieten, als die Einwirkung die Benutzung seines →*Grundstücks* nicht oder nur unwesentlich beeinträchtigt, vgl. § 906 BGB.

Immobiliar-Verbraucherdarlehensvertrag Gemäß § 491 Abs. 3 S. 1 ein entgeltlicher →*Darlehensvertrag* zwischen einem →*Unternehmer* als Darlehensgeber und einem →*Verbraucher* als Darlehensnehmer, es sei denn, es handelt sich um einen der § 491 Abs. 3 S. 2 und 4 BGB genannten Fälle.

Immobilie Siehe →*Sache, unbewegliche.*

Indossament (ital.) in dorso = auf dem Rücken.
Ein sich zumeist auf der Rückseite eines →*Orderpapiers* befindlicher schriftlicher Übertragungsvermerk, durch den das Recht aus dem Papier übertragen wird.

Inhabergrundschuld →*Grundschuld*, die in der Weise bestellt wird, dass der →*Grundschuldbrief* auf den Inhaber ausgestellt wird, vgl. § 1195 BGB.

Inhaberkarte Siehe →*Inhaberzeichen.*

Inhabermarke Siehe →*Inhaberzeichen.*

Inhaberpapier →*Wertpapier*, bei dem der jeweilige Inhaber das darin verbriefte Recht geltend machen kann.

Inhaberschuldverschreibung →*Urkunde*, in der der Aussteller dem Inhaber der →*Urkunde* eine →*Leistung* verspricht, vgl. § 793 BGB.
Andere Bezeichnung: →*Schuldverschreibung auf den Inhaber.*

Inhaberzeichen Karten (→*Inhaberkarte*), Marken (→*Inhabermarke*) oder ähnliche →*Urkunden*, in denen ein →*Gläubiger* nicht bezeichnet ist und die vom Aussteller unter Umständen ausgegeben werden, aus welchen sich ergibt, dass er dem Inhaber zu einer →*Leistung* verpflichtet sein will (z. B. Eintrittskarten, Fahrkarten), vgl. § 807 BGB.

Inhaltsfreiheit Freiheit der Vertragsschließenden, den Inhalt eines →*Vertrags* frei zu bestimmen. Die Inhaltsfreiheit ist Teil der →*Vertragsfreiheit.*

Inhaltsirrtum Liegt vor, wenn der Erklärende sich über Inhalt und/oder Tragweite einer von ihm abgegebenen →*Willenserklärung* (→*Willenserklärung, Abgabe der*) irrt.
Anfechtungsgrund nach § 119 Abs. 1, 1. Alt BGB.

Inhaltskontrolle (AGB) Siehe →*Geschäftsbedingungen, allgemeine, Inhaltskontrolle von.*

Innenvollmacht Die dem zu Bevollmächtigenden gegenüber erteilte →*Vollmacht,* vgl. § 167 Abs. 1, 1. Alt BGB.

Innenvollmacht, nach außen kundgetane →*Innenvollmacht*, die auch dem Geschäftspartner kundgetan wurde.

Insichgeschäft Ein →*Rechtsgeschäft*, bei dem auf jeder Seite die gleiche →*Person* steht, vgl. § 181 BGB.
Siehe →*Mehrvertretung;* →*Selbstkontrahieren.*

Integritätsinteresse Interesse einer →*Person* am Erhalt und an der Unversehrtheit ihrer Rechtsgüter (→*Rechtsgut*).
Andere Bezeichnung: →*Erhaltungsinteresse.*

Interesse, negatives Siehe →*Vertrauensinteresse, Ersatz des.*

Interesse, positives Siehe →*Erfüllungsinteresse, Ersatz des.*

Intestaterbfolge Siehe →*Erbfolge, gesetzliche.*

invitatio ad offerendum (lat.) Aufforderung zur Abgabe eines →*Angebots*.
Ein →*Angebot* liegt hier mangels →*Rechtsbindungswille* nicht vor.

ipso iure (lat.) kraft →*Gesetzes*.

Irrtum Unbewusstes Auseinanderfallen der Vorstellung des Erklärenden von der Wirklichkeit.

K

Kalkulationsirrtum
Liegt vor, wenn sich der Erklärende bei der Berechnung geirrt oder irrtümlich einen falschen Berechnungsfaktor zugrunde gelegt hat.
Andere Bezeichnung: →*Berechnungsirrtum*.

Kalkulationsirrtum, interner
Siehe →*Kalkulationsirrtum, verdeckter*.

Kalkulationsirrtum, offener
Liegt vor, wenn der Erklärende die fehlerhafte Berechnung ausdrücklich zum Gegenstand der Vertragsverhandlungen oder seines →*Angebot*s gemacht hat.
Andere Bezeichnung: →*Kalkulationsirrtum, externer*.

Kalkulationsirrtum, verdeckter
Liegt vor, wenn der Erklärende seine Berechnungsrundlage nicht offen legt, sondern dem →*Erklärungsempfänger* lediglich das Ergebnis seiner Berechnung mitteilt. Bloßer →*Motivirrtum*, der nicht zur →*Anfechtung* berechtigt.
Andere Bezeichnung: →*Kalkulationsirrtum, interner*.

Kauf
Siehe →*Kaufvertrag*.

Kauf auf Probe oder Besichtigung
→*Kaufvertrag*, der unter der aufschiebenden (→*Bedingung, aufschiebende*) oder auflösenden →*Bedingung* (→*Bedingung, auflösende)* geschlossen wurde, dass der Käufer den Kaufgegenstand innerhalb einer bestimmten →*Frist* billigt (→*Billigung*) oder missbilligt, vgl. §§ 454, 455 BGB

Kauf bricht nicht Miete
In § 566 BGB niedergelegter Grundsatz, nach dem die Veräußerung von Wohnraum nicht zur Beendigung des →*Mietverhältnis*ses führt.

Kaufmann
Jeder, der ein →*Handelsgewerbe* betreibt, vgl. § 1 Abs. 1 HGB.

Kaufvertrag
Gegenseitiger →*Vertrag*, (→*Vertrag, gegenseitiger*) durch den sich die eine Partei (Verkäufer) verpflichtet, eine bestimmte →*Sache* zu übergeben (→*Übergabe*) und das →*Eigentum* an der →*Sache* zu verschaffen, und die andere Partei (Käufer) sich zur

Zahlung des vereinbarten Kaufpreises und zur →*Abnahme* der →*Sache* verpflichtet, vgl. § 433 BGB.

Kausalgeschäft Siehe →*Rechtsgeschäft, kausales.*

Kausalität Zusammenhang zwischen Ursache und Wirkung. Andere Bezeichnung: →*Ursachenzusammenhang.*

Kausalität, alternative Liegt vor, wenn zwei unabhängig voneinander gesetzte Ursachen jeweils für sich zum Erfolg führen. Hier ist jede →*Handlung* für den Erfolg kausal, wenn die →*Handlung*en zwar alternativ, aber nicht kumulativ hinweggedacht werden können, ohne dass der konkrete Erfolg entfiele.

Kausalität, haftungsausfüllende →*Ursachenzusammenhang* zwischen einer Rechtsgutsverletzung und einem →*Schaden.*

Kausalität, haftungsbegründende →*Ursachenzusammenhang* zwischen der →*Handlung* des Schädigers und der eingetretenen Rechtsgutsverletzung.

Kausalität, kumulative Liegt vor, wenn zwei unabhängig voneinander gesetzte Ursachen erst durch ihr Zusammenwirken den Erfolg herbeiführen. Hier ist jede →*Handlung* kausal für den Erfolg.

Kausalität, überholende Liegt vor, wenn die ursprünglich in Gang gesetzte Kausalkette durch eine völlig neue Kausalkette unterbrochen wird, die den Erfolg herbeiführt. Hier ist nur die überholende Kausalkette kausal für den Erfolg.

kennen müssen Etwas infolge von →*Fahrlässigkeit* nicht kennen, vgl. § 122 Abs. 2 BGB.

Kindeswohl Unbestimmter Rechtsbegriff, der das gesamte Wohl eines Kindes, also dessen körperliches, geistiges und seelisches Wohl umfasst.

Klageerhebung Erfolgt im Zivilprozess durch Einreichung einer Klageschrift bei Gericht und →*Zustellung* der Klageschrift an die Gegenpartei.

Kläger Prozesspartei, die im eigenen Namen im Prozess Rechtsschutz fordert.

Knebelungsvertrag
→*Rechtsgeschäft*, das eine so weitgehende Beschränkung der Freiheit eines der Beteiligten bewirkt, dass dieser seine geschäftliche Selbständigkeit verliert. Knebelungsverträge sind sittenwidrig (→*Sittenwidrigkeit*) und daher gemäß § 138 Abs. 1 BGB nichtig.

Kollusion
(lat.) geheimes Einverständnis.
Einvernehmliches Zusammenwirken mindestens zweier →*Person*en zur Schädigung eines Dritten.
Bei der →*Vertretung* das Zusammenwirken zwischen einem →*Vertreter* und einem Dritten zum Zweck der Schädigung des Vertretenen.
Bei einer Kollusion ist das →*Rechtsgeschäft* gemäß § 138 Abs. 1 BGB nichtig.

Kommanditgesellschaft
Gesellschaft, deren Zweck auf den Betrieb eines →*Handelsgewerbe*s unter gemeinschaftlicher →*Firma* gerichtet ist, wenn bei mindestens einem der Gesellschafter die →*Haftung* gegenüber den Gesellschaftsgläubigern auf den Betrag einer Vermögenseinlage beschränkt ist (→*Kommanditist*), während bei einem anderen Teile der Gesellschafter eine Beschränkung der →*Haftung* nicht stattfindet (→*Komplementär*), vgl. § 161 Abs. 1 HGB.

Kommanditist
Gesellschafter einer →*Kommanditgesellschaft*, der nicht persönlich, sondern nur mit einem festgelegten Kommanditanteil haftet, vgl. § 161 Abs. 1 HGB.

Komplementär
Gesellschafter einer →*Kommanditgesellschaft*, der persönlich haftet, vgl. § 161 Abs. 1 HGB.

Kondiktion
→*Anspruch* aus ungerechtfertigter →*Bereicherung* (→*Bereicherung, ungerechtfertigte*).
Siehe →*Leistungskondiktion*, →*Nichtleistungskondiktion*.

Konfusion
Vereinigung von →*Gläubiger* und →*Schuldner* in einer →*Person*, z. B. wenn ein →*Schuldner* durch seinen →*Gläubiger* beerbt wird. Führt i. d. R. zum Erlöschen der Schuld.

konkludent
(lat.) schlüssig.
Siehe →*Verhalten, schlüssiges*.

Konkretisierung Vorgang, durch den eine ursprünglich bestehende →*Gattungsschuld* auf einen bestimmten →*Gegenstand* beschränkt wird. Tritt ein, wenn der →*Schuldner* das zur →*Leistung* seinerseits Erforderliche getan hat, vgl. § 243 Abs. 2 BGB.

Konkurrenz, elektive Liegt vor, wenn der →*Gläubiger* zwischen inhaltlich verschiedenen Ansprüchen (→*Anspruch*) wählen kann, die sich gegenseitig ausschließen.

Konnexität (§ 273 BGB) Beim →*Zurückbehaltungsrecht* müssen beide Pflichten auf „demselben rechtlichen Verhältnis“ beruhen.

Konsens (lat.) Übereinstimmung.
Im Vertragsrecht: Willensübereinstimmung.
→*Angebot* und →*Annahme* decken sich.

konstitutiv (lat.) begründend.
Siehe →*Wirkung, konstitutive.*

kontrahieren (lat.) zusammenziehen.
In der Rechtswissenschaft: vereinbaren.

Kontrahierungszwang Siehe →*Abschlusszwang.*

Konventionalstrafe Siehe →*Vertragsstrafe.*

Konventionsstrafe Siehe →*Vertragsstrafe.*

Konversion Siehe →*Umdeutung.*

Kopplungsgeschäft Liegt vor, wenn eine Vertragspartei zusätzlich zu der eigentlich gewünschten →*Leistung* eine andere, i. d. R. nicht gewünschte, zumeist gegenleistungspflichtige →*Leistung* annehmen soll, vgl. z. B. §§ 492a ff BGB.

Körperschaft Mitgliedschaftlich verfasste, vom Wechsel der Mitglieder unabhängige Personenvereinigung.

Körperverletzung Äußerer Eingriff in die körperliche Unversehrtheit eines Menschen.

Kostenanschlag Häufig (auch im BGB, siehe §§ 632 Abs. 3) verwandte Kurzform für →*Kostenvoranschlag.*

Kostenvoranschlag Im Werkvertragsrecht die Angabe der voraussichtlich zur Herstellung des Werks für den →*Besteller*

entstehenden Kosten. Im Zweifel nicht zu vergüten, § 632 Abs. 3 BGB.
Kurzform: →*Kostenanschlag*.

Kreditauftrag →*Auftragsvertrag*, bei Vereinbarung eines →*Entgelts* →*Geschäftsbesorgungsvertrag*, der den Beauftragten verpflichtet, einem Dritten ein →*Darlehen* oder eine Finanzierungshilfe zu gewähren und zwar im eigenen Namen und für die Rechnung des Beauftragten, vgl. § 778 BGB.

Kreditgefährdung Liegt vor, wenn jemand der Wahrheit zuwider eine →*Tatsache* behauptet oder verbreitet, die geeignet ist, den Kredit eines anderen zu gefährden oder sonstige Nachteile für dessen Erwerb oder Fortkommen herbeizuführen, vgl. § 824 Abs. 1 BGB.

Kreditsicherungsmittel Durch den Kreditnehmer oder einen Dritten gegebene Sicherheiten, durch die der Kreditgeber vor dem Risiko geschützt werden soll, dass der Kreditnehmer seinen Verpflichtungen aus einem →*Darlehensvertrag* oder einer sonstigen Vereinbarung nicht nachkommt.

Kündigung Einseitige →*Willenserklärung*, durch die eine Vertragspartei ein →*Rechtsverhältnis* für die Zukunft beendet. Die Kündigung ist ein rechtsvernichtendes Gestaltungsmittel für →*Dauerschuldverhältnisse*.

Kündigung, außerordentliche Beendigung eines →*Dauerschuldverhältnisses* aus wichtigem Grund (→*Grund, wichtiger*), vgl. § 314 BGB. Kann fristlos ausgesprochen werden.

Kündigung, ordentliche Beendigung eines →*Dauerschuldverhältnisses* unter Einhaltung einer →*Kündigungsfrist* und (soweit statuiert) aus einem gesetzlich oder vertraglich festgelegten Kündigungsgrund.

Kündigungserklärung Einseitige empfangsbedürftige →*Willenserklärung* (→*Willenserklärung, empfangsbedürftige*), durch die ein →*Dauerschuldverhältnis* gekündigt (→*Kündigung*) werden soll.

Kündigungsfrist Gesetzlich oder vertraglich (im Arbeitsrecht auch ggf. tarifvertraglich oder durch Betriebsvereinbarung) festgelegte Zeitspanne, nach deren Ablauf eine →*Kündigung* wirksam wird.

L

Leasing
Siehe →*Leasingvertrag.*

Leasinggeber
Derjenige, der sich bei einem →*Leasingvertrag* zur entgeltlichen Überlassung einer →*Sache* verpflichtet.

Leasingnehmer
Derjenige, der bei einem →*Leasingvertrag* zur Zahlung des →*Entgelts* für die überlassene *Sache* verpflichtet ist.

Leasingvertrag
→*Vertrag*, durch den sich eine Vertragspartei (→*Leasinggeber*) gegenüber der anderen (→*Leasingnehmer*) zur entgeltlichen Überlassung einer →*Sache* zur →*Nutzung* auf Zeit verpflichtet.

Lebensgemeinschaft, eheliche
Verpflichtung der Ehegatten nach § 1353 Abs. 1 BGB. Sie umfasst alles, was nach sittlicher Anschauung zum Wesen der →*Ehe* gehört. Dazu zählen insbesondere die häusliche Gemeinschaft, die Geschlechtsgemeinschaft, der gegenseitige Beistand und die gemeinsame Erziehung der Kinder.

Legaldefinition
Definition eines Rechtsbegriffs in einem →*Gesetz.*

Legalzession
Übergang einer →*Forderung* kraft →*Gesetz.*
Andere Bezeichnungen: →*cessio legis*; →*Forderungsübergang, gesetzlicher.*

Leibesfrucht
Siehe →*nasciturus.*

Leibrente
Ein auf die Lebenszeit eines Menschen eingeräumtes einheitlich nutzbares Recht, dessen Erträge aus fortlaufend wiederkehrenden gleichmäßigen →*Leistungen* in Geld oder in vertretbaren →*Sachen* (→*Sache, vertretbare*) bestehen, vgl. §§ 759 ff. BGB.

Leihe
Siehe →*Leihvertrag.*

Leihmutter
Frau, die das befruchtete Ei einer anderen Frau eingesetzt bekommt und die das Kind austrägt. Juristisch ist die Leihmutter →*Mutter* des Kindes; vgl. § 1591 BGB. In Deutschland ist Leihmutterschaft verboten, § 1 Abs. 1 Nr. 7 Embryonenschutzgesetz (ESchG).
Andere Bezeichnung: →*Surrogatmutter*

Leihvertrag Unvollkommen zweiseitig verpflichtender →*Vertrag*, (→*Vertrag, unvollkommen zweiseitig verpflichtender*) durch den der Verleiher einer →*Sache* verpflichtet wird, dem Entleiher den Gebrauch der →*Sache* unentgeltlich zu gestatten, § 598 BGB.

Leistung 1. Gegenstand einer Schuldverpflichtung, gerichtet auf ein Tun oder →*Unterlassen*, vgl. § 241 BGB.
2. Im →*Bereicherungsrecht*: Jede bewusste und zweckgerichtete Vermehrung fremden Vermögens.

Leistung an Erfüllungs statt →*Erfüllung* eines →*Schuldverhältnis*ses mit einer anderen →*Leistung* als der geschuldeten. Bedarf der Vereinbarung mit dem →*Gläubiger*, vgl. § 364 Abs. 1 BGB.

Leistung erfüllungshalber Eingehen einer neuen →*Verbindlichkeit* zum Zweck der →*Befriedigung* des →*Gläubiger*s, vgl. § 364 Abs. 2 BGB. Lässt das →*Schuldverhältnis* zunächst bestehen, es erlischt erst, wenn sich der →*Gläubiger* aus dem erfüllungshalber Geleisteten befriedigt.

Leistung, Bewirken der Eintreten des →*Leistungserfolg*s, nicht nur die →*Leistungshandlung.*

Leistung, teilbare →*Leistung*, die ohne Wertminderung und ohne Beeinträchtigung des Leistungszwecks in →*Teilleistung*en zerlegt werden kann.

Leistung, unmögliche Siehe →*Unmöglichkeit.*

Leistungsbestimmungsrecht Recht, eine vertraglich geschuldete →*Leistung* nachträglich zu bestimmen. Kann einer der Vertragsparteien (vgl. § 315 Abs. 1 BGB) oder einem Dritten (§ 317 Abs. 1 BGB) eingeräumt sein.

Leistungserfolg →*Erfüllung* der Leistungspflicht.

Leistungsgefahr Bestimmt, wer die Gefahr des zufälligen (→*Zufall*) Untergangs oder der zufälligen Verschlechterung eines Leistungsgegenstandes trägt.

Leistungshandlung →*Handlung*, die auf einen bestimmten →*Leistungserfolg* gerichtet ist.

Leistungskondiktion →*Bereicherungsanspruch* gem. §§ 812 ff. BGB, wenn die →*Bereicherung* durch eine →*Leistung* erfolgt ist.
Siehe →*condictio indebti*; →*condictio ob causam finitam*; →*condictio causa data, causa non secuta*; →*condictio ob turpem vel iniustam causa.*

Leistungsort Ort, an dem der →*Schuldner* die geschuldete →*Leistungshandlung* vornehmen muss.
Andere Bezeichnungen: →*Erfüllungsort*, →*Schuldort.*

Leistungsstörung Oberbegriff für die Fälle der Verletzung von Pflichten aus einem →*Schuldverhältnis* durch Schlecht- oder Nichtleistung.

Leistungsverweigerung Liegt vor, wenn der →*Schuldner* ernsthaft und eindeutig zum Ausdruck bringt, dass er die geschuldete →*Leistung* nicht erbringen wird.

Leistungsverweigerungsrecht Recht auf Verweigerung (→*Leistungsverweigerung*) einer geschuldeten →*Leistung*, vgl. z. B. § 273 BGB.

Leistungszeit Zeitpunkt, zu dem der →*Gläubiger* die →*Leistung* verlangen (→*Fälligkeit*), der →*Schuldner* die →*Leistung* bewirken kann (→*Erfüllbarkeit*).

lex (lat.) Rechtsvorschrift; →*Gesetz.*

lex generalis (lat.) allgemeines →*Gesetz.*
Wird vom speziellen →*Gesetz* (→*lex specialis*) verdrängt.

lex specialis (lat.) spezielleres →*Gesetz.*
Geht dem allgemeinen →*Gesetz* (→*lex generalis*) vor.

Liebhaberinteresse Siehe →*Affektionsinteresse.*

Lohnwucher Liegt vor, wenn bei einem Dienst- oder →*Arbeitsverhältnis* die Höhe der Vergütung in einem auffälligen Missverhältnis zur Arbeitsleistung steht; sittenwidrig (→*Sittenwidrigkeit*) gemäß § 138 BGB.
Andere Bezeichnung: →*Gehaltswucher.*

Löschung In amtlichen Registern vorgenommene Aufhebung einer bestehenden →*Eintragung.*

Lotterievertrag Verträge (→*Vertrag*), die ein →*Unternehmer* mit einer Mehrheit von Spielern schließt und in denen er verspricht gegen einen Einsatz (zumeist in Geld) Gewinne, die in Geld bestehen (sonst →*Ausspielvertrag*), an die nach Maßgabe eines Spielplans ermittelten Gewinner zu leisten, vgl. § 763 BGB.

Luxustier Tier, das aus Liebhaberei oder sonstigen ideellen Zwecken gehalten wird.
Gegensatz: →*Nutztier*.

Luxusverwendung →*Verwendung*, die weder notwendig (→*Verwendung, notwendige*) noch nützlich (→*Verwendung, nützliche*) ist.

M

Mahnung Aufforderung des →*Gläubiger*s an den →*Schuldner*, eine fällige (→*Fälligkeit*) →*Leistung* zu erbringen, vgl. § 286 BGB.

Makler Siehe →*Mäkler*.

Mäkler Jemand, der gegen eine Vergütung die Gelegenheit zum Abschluss eines →*Vertrag*s nachweist oder den Abschluss eines →*Vertrag*s vermittelt, vgl. § 652 BGB.
Andere Bezeichnung: →*Makler*.

Maklervertrag Siehe →*Mäklervertrag*.

Mäklervertrag →*Vertrag*, durch den sich eine →*Person* verpflichtet, dem →*Mäkler* für die Vermittlung eines →*Vertrag*s oder den Nachweis zum Abschluss eines →*Vertrag*s eine Vergütung (Mäklerlohn) zu zahlen, vgl. § 652 Abs. 1 BGB.
Andere Bezeichnung: →*Maklervertrag*.

Mangel Liegt vor, wenn die erbrachte →*Leistung* von der geschuldeten abweicht oder Rechte Dritter an der erbrachten →*Leistung* bestehen.

Mangelfolgeschaden →*Schaden*, der durch die Mangelhaftigkeit einer →*Leistung* an einer anderen →*Sache* oder an einem sonstigen →*Rechtsgut* des →*Gläubiger*s entsteht.

Mangelschaden →*Schaden* an der geschuldeten →*Leistung* selbst.

Mankolieferung Lieferung einer nach Zahl, Maß oder Gewicht zu geringen Menge. Steht im Kaufrecht einem →*Sachmangel* gleich, vgl. § 434 Abs. 3 BGB.
Andere Bezeichnungen: →*Minderlieferung*; →*Minus-Lieferung*; →*Zuweniglieferung*.

mater semper certa est (lat.) die →*Mutter* ist immer sicher.
Bezieht sich darauf, dass die →*Mutter* im Rechtssinne immer feststeht, vgl. § 1591 BGB.

Mehrvertretung Fall des →*Insichgeschäfts*. Liegt vor, wenn jemand auf beiden Seiten eines →*Rechtsgeschäfts* als →*Vertreter* für die Vertragsparteien auftritt.

Meinung Siehe →*Werturteil*.

Mentalreservation Siehe →*Vorbehalt, geheimer*.

Mietkauf →*Vertrag*, bei dem dem Mieter vom Vermieter das Recht eingeräumt wurde, innerhalb einer bestimmten →*Frist* durch einseitige Erklärung die gemietete →*Sache* zu einem vorher bestimmten Preis unter vollständiger oder teilweiser Anrechnung der bis dahin gezahlten Mieten käuflich zu erwerben.

Mietkaution Vom Mieter an den Vermieter zu leistende Sicherheit für die Erfüllung seiner Pflichten, vgl. § 551 BGB.

Mietminderung Verringerung der Miete wegen eines →*Mangels* der Mietsache.

Mietspiegel Übersicht über die ortsübliche Vergleichsmiete, soweit die Übersicht von der Gemeinde oder von Interessenvertretern der Vermieter und der Mieter gemeinsam erstellt oder anerkannt worden ist, vgl. § 558c Abs. 1 BGB.

Mietspiegel, qualifizierter →*Mietspiegel*, der nach anerkannten wissenschaftlichen Grundsätzen erstellt und von der Gemeinde oder von Interessenvertretern der Vermieter und Mieter anerkannt worden ist, vgl. § 558d Abs. 1 BGB.

Mietverhältnis →*Rechtsverhältnis* zwischen Mieter und Vermieter.

Mietvertrag Gegenseitiger →*Vertrag* (→*Vertrag, gegenseitiger*) durch den sich eine Partei (Vermieter) verpflichtet, der anderen Partei (Mieter) den Gebrauch der Mietsache während der Mietzeit gegen Zahlung der vereinbarten Miete zu überlassen, vgl. § 535 BGB.

Mietvertrag, befristeter Siehe →*Zeitmietvertrag.*

Mietzins Früher verwendeter (zum Teil heute noch gebräuchlicher) Begriff für das vom Mieter zu entrichtende →*Entgelt* für den Gebrauch der Mietsache.

Minderjähriger Natürliche →*Person* (→*Person, natürliche*) zwischen der Geburt (→*Geburt, Vollendung der*) und dem Eintritt der →*Volljährigkeit* (→*Volljährigkeit, Eintritt der*), vgl. § 2 BGB.

Minderlieferung Siehe →*Mankolieferung.*

Minderung (Verhältnismäßige) Herabsetzung einer vereinbarten →*Gegenleistung* aufgrund Mangelhaftigkeit der →*Leistung.*

Minderwert, merkantiler Eine auch nach erfolgreicher Reparatur verbleibende Wertminderung, die eine →*Sache* durch eine Beschädigung erleidet.

Minuslieferung Siehe: →*Mankolieferung*

Missbrauch der Vertretungsmacht Siehe →*Vertretungsmacht, Missbrauch der.*

Mitbesitz Gemeinsamer →*Besitz* mehrerer →*Person*en an einer →*Sache.*

Mitbesitz, gesamthänderischer Siehe →*Mitbesitz, qualifizierter.*

Mitbesitz, qualifizierter →*Mitbesitz*, bei dem die Ausübung der tatsächlichen Gewalt nur den Mitbesitzern gemeinsam möglich ist.
Andere Bezeichnung: →*Mitbesitz, gesamthänderischer.*

Mitbesitz, schlichter →*Mitbesitz*, bei dem jeder Mitbesitzer die →*Sachherrschaft* hat.

Mitbürgschaft →*Bürgschaft* mehrerer →*Bürgen* für dieselbe Verbindlichkeit des Hauptschuldners, vgl. § 769 BGB.

Miteigentum →*Eigentum* an einer →*Sache*, das mehreren →*Personen* gemeinschaftlich nach Bruchteilen zusteht. Kann durch →*Rechtsgeschäft* oder kraft →*Gesetzes* entstehen.

Miterbe Eine neben einem oder mehreren anderen →*Erben* zum →*Erben* berufene →Person.

Miterbengemeinschaft Siehe →*Erbengemeinschaft*.

Mittäter Mehrere →*Personen*, die bewusst und gewollt zur Herbeiführung eines rechtswidrigen Erfolgs zusammenwirken. Jeder Mittäter hat im Außenverhältnis den gesamten →*Schaden* zu ersetzen, § 830 Abs. 1 BGB.

Mitverantwortung, nacheheliche Siehe →*Grundsatz der nachehelichen Mitverantwortung*.

Mitvermächtnis Liegt vor, wenn derselbe →*Gegenstand* mehreren →*Vermächtnisnehmern* vermacht wurde.

Mitverschulden Zurechenbare Mitwirkung eines Geschädigten an der Entstehung oder der Entwicklung eines →*Schadens*, vgl. § 254 BGB.

Mobilie (lat.) →*Sache, bewegliche*.

Montage (§ 434 Abs. 2 BGB) →*Handlung*, die dazu dient einen Kaufgegenstand zusammen-, ein- oder anzubauen oder zu installieren (z. B. Software).

Montage, unsachgemäße Begründet einen →*Sachmangel* i. S. d. § 434 Abs. 2 S. 1 BGB, wenn sich die die →*Montage* nachteilig auf die Kaufsache auswirkt oder selbst fehlerhaft ist, ohne dass sich das auf die →*Sache* auswirkt.

Montageanleitung, mangelhafte Liegt vor, wenn eine Montageanleitung falsche, lückenhafte oder aus Sicht des Kunden unklare oder unverständliche Anweisungen enthält. Ein →*Sachmangel* i. S. d. § 434 Abs. 2 S. 2 BGB setzt voraus, dass eine fehlerhafte →*Montage* darauf beruht.
Siehe auch →*IKEA-Klausel*.

Motivirrtum →*Irrtum* im Beweggrund. Grundsätzlich unbeachtlich.

Mutter Im Sinne des BGB immer die Frau, die das Kind zur Welt gebracht hat, auch wenn sie (z. B. bei einer Eispende) nicht die genetische Mutter ist (→*Mutterschaft, gespaltene*); vgl. § 1591 BGB.
Siehe auch →*mater semper certa est*.

Mutterschaft Siehe →*Mutter*.

Mutterschaft, gespaltene Liegt vor, wenn die genetische und die austragende Mutter nicht identisch sind.

N

Nachbesserung Im Kauf- bzw. Werkvertragsrecht die nachträgliche Beseitigung eines *Mangels* durch den Verkäufer bzw. →*Unternehmer*, vgl. §§ 439 Abs. 1, 635 Abs. 1 BGB.
Siehe auch →*Nacherfüllung*.

Nachbürge Derjenige, der gegenüber dem →*Gläubiger* für die Verbindlichkeit des →*Bürgen* (→*Vorbürgen*) bürgt.

Nachbürgschaft →*Bürgschaft*, bei der jemand (der →*Nachbürge*) gegenüber dem →*Gläubiger* für die Verbindlichkeit des →*Bürgen* (→*Vorbürgen*) bürgt.

Nacherbe →*Erbe*, der erst →*Erbe* wird, nachdem zunächst ein anderer (der →*Vorerbe*) →*Erbe* geworden ist, § 2100 BGB.

Nacherbfall Zeitpunkt, zu dem der →*Nachlass* vom →*Vorerben* auf den →*Nacherben* übergeht. Er tritt beim →*Tod* des →*Vorerben* oder zu einem vom →*Erblasser* festgelegten Zeitpunkt oder einem von ihm bestimmten Ereignis (z. B. Wiederheirat des →*Vorerben*) ein.

Nacherfüllung Nachträgliche →*Erfüllung* bei nicht ordnungsgemäßer →*Leistung* des →*Schuldners*.
Vorrangiges Gewährleistungsrecht (→*Gewährleistung*) bei Kauf- (→*Kaufvertrag*) und Werkverträgen (→*Werkvertrag*). Oberbegriff für →*Nachbesserung*

und →*Nachlieferung*; vgl. §§ 439 Abs. 1, 635 Abs. 1 BGB.

Nachfrist →*Frist*, die der →*Gläubiger* dem →*Schuldner* bei einer →*Leistungsstörung* zum →*Bewirken* der *Leistung* oder zur →*Nacherfüllung* setzt.

Nachlass Vermögen des →*Erblasser*s zum Zeitpunkt des →*Erbfall*s.

Nachlasseigenschulden Siehe →*Nachlasserbenschulden*.

Nachlasserbenschulden Verbindlichkeiten, die nach dem →*Erbfall* im Rahmen ordnungsgemäßer Verwaltung des →*Nachlasses* entstehen. Sie sind →*Nachlassverbindlichkeiten* und zugleich persönliche Verbindlichkeiten des →*Erbe*n.
Andere Bezeichnung: →*Nachlasseigenschulden*.

Nachlassgericht Amtsgericht, in dessen Bezirk der →*Erblasser* im Zeitpunkt seines →*Tod*es seinen gewöhnlichen Aufenthalt hatte; soweit er zu diesem Zeitpunkt keinen gewöhnlichen Aufenthalt im Inland hatte, das Amtsgericht, in dessen Bezirk der →*Erblasser* seinen letzten gewöhnlichen Aufenthalt im Inland hatte, ansonsten das Amtsgericht Schöneberg in Berlin, vgl.§ 23a GVG, § 343 FamFG.

Nachlassgläubiger →*Person*, der gegenüber dem oder den →*Erbe*n aufgrund von →Nachlassverbindlichkeiten ein →*Anspruch* zusteht.

Nachlasskostenschulden Siehe →*Erbschaftsverwaltungsschulden*.

Nachlasspflegschaft Vom →*Nachlassgericht* angeordnete Pflegschaft zur Sicherung des →*Nachlass*es bis zur Annahme der →*Erbschaft* (→*Erbschaft, Annahme der*) oder bis zur Ermittlung eines bislang unbekannten →*Erbe*n, vgl. § 1960 BGB.

Nachlassverbindlichkeiten Die Verbindlichkeiten, für die der →*Erbe* beim →*Erbfall* zu haften hat, § 1967 BGB. Dazu gehören die →*Erblasserschulden*, die →*Erbfallschulden*, die →*Erbschaftsverwaltungsschulden* und die →*Nachlasserbenschulden*.

Nachlassverwaltung Vom →*Nachlassgericht* angeordnete →*Nachlasspflegschaft* zum Zwecke der →*Befriedigung* der →*Nachlassgläubiger*, durch die die →*Haftung* des →*Erben* für →*Nachlassverbindlichkeiten* auf den →*Nachlass* beschränkt werden kann, vgl. §§ 1975 ff. BGB.

Nachlieferung Lieferung einer mangelfreien statt der bereits gelieferten mangelhaften (→*Mangel*) →*Sache*.
Im Kauf- bzw. Werkvertragsrecht das Recht des Käufers bzw. des →*Besteller*s auf Lieferung eines mangelfreien Kaufgegenstandes bzw. mangelfreien Werks.
Siehe auch →*Nacherfüllung*.

Nachname Siehe →*Familienname*.

Nachvermächtnis →*Vermächtnis*, bei dem der →*Vermächtnisnehmer*, den vermachten →*Gegenstand* erst nach dem ersten Anfall des →*Vermächtnis*ses zu einem bestimmten Zeitpunkt oder Ereignis erhält, vgl. § 2191 BGB.

Nachvermächtnisnehmer →*Vermächtnisnehmer*, der den vermachten →*Gegenstand* nach dem ersten Anfall des →*Vermächtnis*ses zu einem bestimmten Zeitpunkt oder Ereignis erhält, vgl. § 2191 BGB.

Name Sprachliche Kennzeichnung einer natürlichen (→*Person, natürliche*) oder juristischen →*Person* (→*Person, juristische*) zur Unterscheidung von anderen →*Person*en.

Namensrecht Recht einer →*Person* zum Gebrauch eines →*Nam*ens und Recht, andere vom unbefugten Gebrauch des →*Nam*ens auszuschließen, vgl. § 12 BGB.

Namensunterschrift Erfordert die Unterzeichnung mit dem →*Familiennamen*. Die Hinzufügung des Vornamens ist möglich, aber nicht zwingend.

nasciturus (lat.) →*Leibesfrucht*, →*Ungeborener*.
Das Kind im Mutterleib von der Empfängnis bis zur Geburt (→*Geburt, Vollendung der*).

Naturalherstellung Siehe →*Naturalrestitution*.

Naturallohn →*Entgelt* für eine erbrachte →*Leistung*, das nicht in Geld, sondern in anderen Werten (zumeist Sachbezügen) erbracht wird.

Naturalobligation Kann freiwillig erfüllt, aber nicht gegen den Willen des →*Schuldners* durchgesetzt werden (z. B. bei →*Spiel* und →*Wette*, vgl. § 762 BGB).
Andere Bezeichnungen: →*Verbindlichkeit, natürliche;* →*Verbindlichkeit, unvollkommene.*

Naturalrestitution Im Schadensfall die Wiederherstellung des Zustandes, der ohne das schädigende Ereignis bestehen würde, vgl. § 249 Abs. 1 BGB.

Nebenleistungspflicht Pflichten, die der Vorbereitung, Durchführung und Sicherung der →*Hauptleistungspflichten* dienen.

Negativtestament Siehe →*Testament, negatives.*

Neugläubiger Siehe →*Zessionar.*

Nichtberechtigter →*Person*, die nicht Inhaber einer Rechtsposition ist und weder kraft →*Rechtsgeschäfts* noch kraft →*Gesetzes* zur →*Verfügung* über sie berechtigt ist.

Nichtehe Nichtzustandekommen einer wirksamen →*Ehe*, weil die Mitwirkung eines Standesbeamten fehlt oder eine oder beide Eheschließungserklärungen fehlen.

Nichterfüllung Ausbleiben der geschuldeten →*Leistung.*

Nichterfüllungsschaden →*Schaden*, den der Geschädigte durch die Nichteinhaltung der Leistungspflicht des →*Schuldners* aus einem →*Rechtsgeschäft* erleidet.

Nichtigkeit Nichteintritt der mit einem →*Rechtsgeschäft* bezweckten Rechtsfolge von Anfang an.

Nichtigkeitsgrund Siehe: →*Einwendung, rechtshindernde.*

Nichtleistungskondiktion →*Bereicherungsanspruch*, wenn die →*Bereicherung* nicht durch eine →*Leistung* (dann →*Leistungskondiktion*), sondern „in sonstiger Weise" erfolgt ist.
Siehe →*Eingriffskondiktion*, →*Verwendungskondiktion*, →*Rückgriffskondiktion.*

Nichtvermögensschaden	Siehe →*Schaden, immaterieller.*
Nießbrauch	Die Belastung eines →*Gegenstands* mit dem Recht eines anderen, daraus alle →*Nutzungen* zu ziehen, vgl. § 1030 Abs. 1 BGB.
Nothilfe	Diejenige Verteidigung, welche erforderlich ist, um einen gegenwärtigen rechtswidrigen →*Angriff* (→*Angriff, gegenwärtiger,* →*Angriff, rechtswidriger*) von einem anderen abzuwenden, vgl. § 227 Abs. 2 BGB.
Notstand	Zustand einer gegenwärtigen Gefahr für ein rechtlich geschütztes Interesse, deren Abwendung nur durch Einwirkung auf ein fremdes Interesse möglich ist.
Notstand, aggressiver	→*Notstand*, bei dem auf eine fremde →*Sache* eingewirkt wird, von der die Gefahr nicht ausgeht, vgl. § 904 BGB. Andere Bezeichnung: →*Angriffsnotstand.*
Notstand, defensiver	→*Notstand*, bei dem die Gefahr von der →*Sache* ausgeht, auf die eingewirkt wird, vgl. § 228 BGB. Andere Bezeichnung: →*Defensivnotstand*; →*Verteidigungsnotstand.*
Nottestament	In bestimmten Gefahrensituationen in vereinfachter →*Form* zu errichtendes →*Testament.* Nottestamente sind das →*Nottestament vor dem Bürgermeister,* das →*Nottestament vor drei Zeugen* und das →*Nottestament auf See.* Andere Bezeichnung: →*Testament, außerordentliches.*
Nottestament auf See	→*Nottestament*, das unter den in § 2251 BGB genannten Voraussetzungen vor drei Zeugen errichtet werden kann. Andere Bezeichnung: →*Seetestament.*
Nottestament vor dem Bürgermeister	→*Nottestament*, das unter den in § 2249 BGB genannten Voraussetzungen vor dem Bürgermeister und zwei Zeugen errichtet werden kann. Andere Bezeichnung: →*Bürgermeistertestament.*

Nottestament vor drei Zeugen →*Nottestament*, das unter den in § 2250 BGB genannten Voraussetzungen vor drei Zeugen errichtet werden kann.
Andere Bezeichnung: →*Drei-Zeugen-Testament*.

Notverkauf Siehe →*Selbsthilfeverkauf*.

Notwehr Diejenige Verteidigung, welche erforderlich ist, um einen gegenwärtigen rechtswidrigen →*Angriff* (→*Angriff, gegenwärtiger*, →*Angriff, rechtswidriger*) von sich oder einem anderen (→*Nothilfe*) abzuwenden, vgl. § 227 Abs. 2 BGB.

Novation (lat.) Erneuerung.
Siehe →*Schuldersetzung*.

numerus clausus (lat.) beschränkte Zahl.
Im →*Zivilrecht* zumeist bezogen auf den →*Typenzwang*.

Nutztier Tier, das dem Beruf, der Erwerbstätigkeit oder dem Unterhalt des →*Tierhalter*s dient; vgl. § 833 BGB.
Gegensatz: →*Luxustier*.

Nutzung →*Früchte einer Sache* oder →*Früchte eines Rechts* sowie die Vorteile, welche der Gebrauch der →*Sache* oder des Rechts gewährt, vgl. § 100 BGB.

Nutzungsausfall Wenn aufgrund eines schädigenden Ereignisses oder aufgrund einer mangelhaften →*Leistung* des →*Schuldner*s die →*Nutzung* eines →*Gegenstand*s für einen vorübergehenden Zeitraum nicht möglich ist.

Nutzungsausfallentschädigung Ersatz des durch eine schädigende →*Handlung* oder die mangelhafte →*Leistung* des →*Schuldner*s entstandenen →*Nutzungsausfall*s.

Nutzungsausfallschaden →*Schaden*, der durch →*Nutzungsausfall* entsteht.

Nutzungspfand →*Pfandrecht*, das in der Weise bestellt wird, dass der Pfandgläubiger berechtigt ist die →*Nutzung*en des Pfandes zu ziehen, vgl. § 1213 BGB.

O

Obhutspflicht Pflicht einer →*Person*, Rechtsgüter einer anderen →*Person* zu schützen.

Obliegenheit Im eigenen Interesse zu beachtende Verhaltensregel, bei deren Nichtbeachtung der mit der Obliegenheit Belastete einen Nachteil, i. d. R. einen Verlust oder eine Minderung einer Rechtsposition erleidet.

obligatio alternativa (lat.) →*Wahlschuld*.

offene Handelsgesellschaft →*Personengesellschaft*, deren Zweck auf den Betrieb eines →*Handelsgewerbe*s unter gemeinschaftlicher →*Firma* gerichtet und die durch die persönliche →*Haftung* der Gesellschafter gekennzeichnet ist, vgl. § 105 Abs. 1 HGB.
Abkürzung: →*oHG*.

Offenkundigkeitsgrundsatz Siehe →*Offenkundigkeitsprinzip*.

Offenkundigkeitsprinzip 1. Bei der →*Vertretung* muss ersichtlich sein, dass der →*Vertreter* für einen anderen handelt. Es macht dabei keinen Unterschied, ob die Erklärung ausdrücklich im Namen des Vertretenen erfolgt oder ob die Umstände ergeben, dass sie in dessen Namen erfolgen soll, vgl. § 164 Abs. 1 S. 2 BGB.
Andere Bezeichnung: →*Offenkundigkeitsgrundsatz*.
2. Der Begriff wird teilweise auch als andere Bezeichnung für das →*Publizitätsprinzip* im →*Sachenrecht* benutzt.

offerta ad incertas personas (lat.) →*Angebot* an unbestimmte →*Person*en.
→*Angebot* auf Abschluss eines →*Vertrag*s, das sich nicht an eine bestimmte →*Person*, sondern an einen unbestimmten Personenkreis richtet.

Offerte Siehe →*Angebot*.

oHG Abkürzung für →*offene Handelsgesellschaft*.

Orderpapier Auf den →*Name*n eines bestimmten Berechtigten lautendes →*Wertpapier*.

Organ

Organe handeln für juristische →*Person*en (→*Person, juristische*), weil diese nicht im natürlichen Sinne handeln und entscheiden können.

Organhaftung

→*Haftung* der juristischen →*Person* (→*Person, juristische*) für Schäden (→*Schaden*), die ihr →*Organ* in Ausübung seiner Tätigkeit einem Dritten zugefügt hat.

Organisationsverschulden

Verletzung der Pflicht zur sorgfältigen, gefahrenvermeidenden Organisation eines der eigenen Verantwortung unterliegenden Bereichs.

P

Pacht

Siehe →*Pachtvertrag.*

Pachtvertrag

Gegenseitiger →*Vertrag* (→*Vertrag, gegenseitiger*) durch den sich eine Partei (Verpächter) verpflichtet, der anderen Partei (Pächter) den Gebrauch des verpachteten →*Gegenstand*s und den Genuss der →*Früchte* während der Pachtzeit gegen Zahlung des vereinbarten →*Pachtzins*es zu gewähren, vgl. § 581 Abs. 1 BGB.

Pachtzins

Die für den Gebrauch des verpachteten →*Gegenstand*es und den Genuss der →*Früchte* während der Pachtzeit zu entrichtende Vergütung; vgl. § 581 Abs. 1 S. 2 BGB.

pacta sunt servanda

(lat.) Verträge (→*Vertrag*) sind zu halten. Grundsatz des deutschen Vertragsrechts.

pactum de non petendo

(lat.) Vertrag, darüber nicht zu fordern. Siehe →*Stillhalteabkommen.*

Parentelsystem

(lat.) parens = →*Eltern.*
Bestimmung des →*Erb*en bei der gesetzlichen →*Erbfolge* (→*Erbfolge, gesetzliche*) nach der Zugehörigkeit zu einer bestimmten Gruppe von →*Verwandt*en, die von einem gemeinsamen Vorfahren abstammen.

Passivvertretung →*Vertretung* auf der Seite des Empfängers einer Erklärung.
Siehe auch →Aktivvertretung.

Person Jemand, der Träger von Rechten und Pflichten sein kann. Personen sind →*Rechtssubjekte*. Es gibt natürliche (→*Person, natürliche*) und juristische Personen (→*Person, juristische*).

Person, juristische Eine Personenvereinigung oder eine Vermögensmasse, die aufgrund gesetzlicher Anerkennung rechtsfähig (→*Rechtsfähigkeit*) ist, d. h. selbst Träger von Rechten und Pflichten sein kann.
Andere Bezeichnung: →*Einheit, juristische*.

Person, natürliche Jeder Mensch von der Geburt (→*Geburt, Vollendung der*) bis zum →*Tod*.

Personalrecht Recht, das mit einer →*Person* verbunden ist.

Personenbeförderungsvertrag →*Werkvertrag* über die Beförderung von natürlichen →*Person*en (→*Person, natürliche*).
Siehe auch →*Beförderungsvertrag*.

Personengesellschaft Entsteht, wenn sich mindestens zwei →*Person*en zur Erreichung eines gemeinsamen Zwecks zusammenschließen. Personengesellschaften sind z. B. die →*Gesellschaft bürgerlichen Rechts*, die →*offene Handelsgesellschaft* und die →*Kommanditgesellschaft*.

Personengesellschaft, rechtsfähige →*Personengesellschaft*, die mit der Fähigkeit ausgestattet ist, Rechte zu erwerben und →*Verbindlichkeit*en einzugehen, vgl. § 14 Abs. 2 BGB.

Personenschaden Der an einer natürlichen →*Person* (→*Person, natürliche*) entstandene →*Schaden*.

Personensorge Teil der elterlichen Sorge (→*Sorge, elterliche*). Umfasst insbesondere die Pflicht und das Recht, das Kind zu pflegen, zu erziehen, zu beaufsichtigen und seinen Aufenthalt zu bestimmen, vgl. §§ 1626 Abs. 1, 1631 Abs. 1 BGB.

Personenstand Das familienrechtliche Verhältnis einer natürlichen →*Person* (→*Person, natürliche*) zu einer anderen.

Persönlichkeitsrecht, allgemeines Recht des Einzelnen auf Achtung seiner Menschenwürde und freie Entfaltung seiner Persönlichkeit. Deliktsrechtlich (→*Deliktsrecht*) als sonstiges Recht (→*Recht, sonstiges*) in § 823 Abs. 1 BGB geschützt.

Pfandrecht Das zur Sicherung einer →*Forderung* bestimmte dingliche Recht (→*Recht, dingliches*) an einem fremden →*Gegenstand*, kraft dessen der →*Gläubiger* berechtigt ist, sich aus dem belasteten →*Gegenstand* zu befriedigen.

Pfandrecht, gesetzliches →*Pfandrecht*, das bei Erfüllung der im →*Gesetz* genannten Voraussetzungen unmittelbar kraft →*Gesetzes* entsteht (z. B. →*Vermieterpfandrecht*, →*Unternehmerpfandrecht*).

Pfandrecht, vertragliches Durch →*Vertrag* eingeräumtes →*Pfandrecht.*

Pfändung Staatliche Beschlagnahme eines →*Gegenstand*s zur →*Befriedigung* oder Sicherung eines →*Gläubiger*s wegen einer Geldforderung, vgl. § 803 ZPO.

Pfändungsverbot Pfändungsverbote untersagen die →*Pfändung* bestimmter Gegenstände (→*Gegenstand*) und →*Forderung*en. Regelungen dazu finden sich insbesondere in der →*Zivilprozessordnung.*

Pfandverkauf →*Befriedigung* des Pfandgläubigers aus dem →*Pfand* durch Verkauf, vgl. § 1228 BGB.

Pfandverwertung Verwendung eines gepfändeten →*Gegenstand*s zum Zwecke der →*Befriedigung* des →*Gläubiger*s.

Pflichtschenkung Eine sittlich (nicht rechtlich) gebotene unentgeltliche →*Zuwendung* (z. B. Unterstützung nicht unterhaltsberechtigter Verwandter).

Pflichtteil Teil des Vermögens des →*Erblasser*s, den ein →*Pflichtteilsberechtigter* beanspruchen kann, wenn er durch →*Verfügung von Todes wegen* von der →*Erbfolge* ausgeschlossen wurde.

Pflichtteilsanspruch Schuldrechtlicher →*Anspruch* des Pflichtteilsberechtigten (→*Pflichtteilsberechtigter*) gegen die →*Erben* auf seinen →*Pflichtteil.*

Pflichtteilsberechtigte Die nächsten Angehörigen des →*Erblasser*s, nämlich dessen →*Eltern*, seine →*Abkömmling*e sowie sein Ehegatte, soweit sie nach der gesetzlichen →*Erbfolge* (→*Erbfolge, gesetzliche*) →*Erbe*n wären, vgl. §§ 2303, 2309 BGB.

Pflichtteilsentziehung Versagung des →*Pflichtteil*s durch Anordnung des →*Erblasser*s aus den in § 2333 Abs. 1 BGB genannten Gründen.

Pflichtteilsergänzungsanspruch →*Anspruch* eines →*Pflichtteilsberechtigten* gegen den oder die →*Erbe*n, wenn der →*Erblasser* einem Dritten innerhalb der letzten zehn Jahre vor dem →*Erbfall* eine →*Schenkung* gemacht hat, vgl. § 2325 BGB.

Pflichtteilshöhe Der →*Pflichtteil* besteht in der Hälfte des Wertes des gesetzlichen →*Erbteil*s, vgl. § 2303 Abs. 1 S. 2 BGB.

Pflichtteilsrestanspruch →*Anspruch* eines pflichtteilsberechtigten (→*Pflichtteilsberechtigter*) →*Miterbe*n, wenn der durch →*Verfügung von Todes wegen* zugewandte →*Erbteil* geringer ist als die Hälfte des gesetzlichen →*Erbteil*s, vgl. § 2305 BGB.
Andere Bezeichnung: →*Zusatzpflichtteil*.

Pflichtteilsunwürdigkeit Liegt vor, wenn sich ein →*Pflichtteilsberechtigter* einer der in § 2339 Abs. 1 BGB bezeichneten Verfehlungen schuldig gemacht hat, vgl. § 2345 Abs. 2 BGB.

Pflichtverletzung Objektive Verletzung einer Pflicht aus einem →*Schuldverhältnis*.

Potestativbedingung Liegt vor, wenn die →*Bedingung* in einer →*Handlung* besteht, die allein vom Willen einer Vertragspartei abhängt.

Präklusivfrist Siehe →*Ausschlussfrist*.

Prälegat (lat.) →*Vorausvermächtnis*.

Preisausschreiben Eine →*Auslobung*, die eine Preisbewerbung zum Gegenstand hat, vgl. § 661 Abs. 1 BGB.

Preisgefahr Betrifft bei gegenseitigen Verträgen (→*Vertrag, gegenseitiger*), die Frage, was bei Wegfall der →*Leistung* mit der →*Gegenleistung* geschieht.

Andere Bezeichnung: →*Gegenleistungsgefahr;* →*Vergütungsgefahr.*

Primärpflichten Pflichten, die sich direkt aus dem →*Vertrag* ergeben, ohne dass weitere Umstände hinzutreten müssen.

Privatautonomie Befugnis des Einzelnen, im Rahmen der Rechtsordnung eigenverantwortlich rechtverbindliche Regelungen zur Gestaltung seiner Lebensverhältnisse zu treffen.

Privatrecht Regelt die Rechtsbeziehungen zwischen →*Rechtssubjekt*en auf der Ebene der Gleichordnung untereinander.
Andere Bezeichnung: →*Zivilrecht.*

Privatrecht, allgemeines Regelungen über die wichtigsten allgemeinen privatrechtlichen Rechtsbeziehungen im BGB (→*Bürgerliches Gesetzbuch*) und in Nebengesetzen.

Privatrecht, besonderes Gesetzliche Regelungen für bestimmte Berufsgruppen und Lebensbereiche, die wegen ihrer Komplexität oder ihrer Eigenheiten besonderer Regelungen bedürfen. Dazu zählen z. B. das Handelsrecht und das Gesellschaftsrecht.
Andere Bezeichnung: →*Sonderprivatrecht.*

Produzentenhaftung →*Haftung* eines →*Hersteller*s für die durch die Fehlerhaftigkeit eines von ihm in Verkehr gebrachten Produkte entstandenen Schäden (→*Schaden*).
Andere Bezeichnung: →*Herstellerhaftung.*

Prokura Besondere Form der →*Vollmacht*, geregelt in §§ 48 ff. HGB. Sie ermächtigt zu allen Arten von gerichtlichen und außergerichtlichen Geschäften und →*Rechtshandlung*en, die der Betrieb eines →*Handelsgewerbe*s mit sich bringt, mit Ausnahme der Veräußerung und Belastung von →*Grundstück*en, vgl. § 49 HGB.

Prokurist Natürliche →*Person* (→*Person, natürliche*), der →*Prokura* erteilt wurde.

Publizitätsprinzip Bezeichnet das Prinzip im →*Sachenrecht*, dass dingliche Berechtigungen an →*Sache*n und ihre Veränderungen nach außen hin erkennbar sein müssen.
Andere Bezeichnung: →*Offenkundigkeitsprinzip.*

Q

Quittung Schriftliches Empfangsbekenntnis des →*Gläubigers*, dass er die →*Leistung* des →*Schuldners* erhalten hat, vgl. § 368 S. 1 BGB.

R

Rahmenrecht Recht, bei dem aufgrund des allgemein gehaltenen Tatbestandsmerkmals eine Verletzung nur durch Abwägung mit widerstreitenden Interessen festgestellt werden kann. Anerkannte Rahmenrechte sind das allgemeine Persönlichkeitsrecht (→*Persönlichkeitsrecht, allgemeines*) und das Recht am eingerichteten und ausgeübten Gewerbebetrieb (→*Gewerbebetrieb, eingerichteter und ausgeübter*).

Ratenlieferungsvertrag →*Vertrag* zwischen einem →*Verbraucher* und einem →*Unternehmer*, wenn der →*Vertrag* die Lieferung mehrerer als zusammengehörend verkaufter →*Sachen* in →*Teilleistungen* zum Gegenstand hat und das →*Entgelt* für die Gesamtheit der →*Sachen* in →*Teilzahlungen* zu entrichten ist (§ 510 Abs. 1 S. 1 Nr. 1 BGB) oder die regelmäßige Lieferung von →*Sachen* gleicher Art zum Gegenstand hat (§ 510 Abs. 1 S. 1 Nr. 2 BGB) oder die Verpflichtung zum wiederkehrenden Erwerb oder Bezug von →*Sachen* zum Gegenstand hat (§ 510 Abs. 1 S. 1 Nr. 3 BGB)

Realakt Auf einen tatsächlichen Erfolg gerichtete Willensbetätigung, an die das →*Gesetz* eine bestimmte Rechtsfolge knüpft.

Reallast Die Belastung eines →*Grundstücks* in der Weise, dass an denjenigen, zu dessen Gunsten die Belastung erfolgt, wiederkehrende →*Leistungen* aus dem →*Grundstück* zu entrichten sind, vgl. § 1105 Abs. 1 S. 1 BGB.

Realrecht Recht, das mit einem →*Grundstück* verbunden ist (z. B. eine →*Grunddienstbarkeit*).

Recht zum Besitz Siehe →*Besitzrecht*.

Recht, abdingbares Siehe →*Recht, nachgiebiges.*

Recht, absolutes Recht, das gegenüber jedermann wirkt, z. B. →*Eigentum.*

Recht, beschränkt dingliches Gewährt dem Rechtsinhaber (nur) einen beschränkten, nach der Art des jeweiligen Rechts ausgestalteten rechtlichen Zugriff auf eine →*Sache.*

Recht, dingliches Recht einer →*Person* an einer →*Sache,* z. B. *Eigentum.* Dingliche Rechte sind absolute Rechte (→*Recht, absolutes*).

Recht, dispositives Siehe →*Recht, nachgiebiges.*

Recht, formelles Rechtsnormen, die der Durchsetzung des materiellen Rechts (→*Recht, materielles*) dienen, insbesondere in den Prozessordnungen (z. B. der →*Zivilprozessordnung).*
Siehe auch →*Recht, prozessuales.*

Recht, gesetztes Das von den staatlichen oder staatlich ermächtigten Organen geschaffene (= „gesetzte") Recht. Umfasst →*Gesetze* im formellen Sinne, Verordnungen und Satzungen.

Recht, höchstpersönliches Subjektives Recht, das so eng mit einer natürlichen →*Person* (→*Person, natürliche*) verbunden ist, dass es nicht übertragen werden kann und mit dem →*Tod* der →*Person* endet (z. B. →*Nießbrauch*).

Recht, materielles Rechtsvorschriften, die die Entstehung, Veränderung und den Untergang von Rechten regeln.

Recht, nachgiebiges Umfasst die Rechtsnormen, von deren Inhalt durch vertragliche Vereinbarung abgewichen werden kann.
Andere Bezeichnungen: →*Recht, abdingbares;* →*Recht, dispositives.*

Recht, öffentliches Der Teil der Rechtsordnung, der das Verhältnis des Bürgers zum Staat und den übrigen Trägern öffentlicher Gewalt sowie das Recht der staatlichen Organisationen und die Beziehungen zwischen den einzelnen Trägern öffentlicher Gewalt untereinander regelt.

Recht, prozessuales Siehe →*Recht, formelles.*

Recht, relatives Recht, das sich nur gegen eine einzelne →*Person* richtet.

Recht, sonstiges (§ 823 BGB) Jedes absolute Recht (→*Recht, absolutes*).

Recht, zwingendes Rechtsnormen, die nicht durch vertragliche Vereinbarung geändert oder aufgehoben werden können, sondern allgemeine Geltung haben.

Rechtfertigungsgrund Umstand, der bei einer unerlaubten →*Handlung* (→*Handlung, unerlaubte*) die →*Rechtswidrigkeit* ausschließt, z. B. →*Notwehr.*

Rechtfertigungsgrund, gesetzlicher Im →*Gesetz* statuierter →*Rechtfertigungsgrund.*

Rechtsakt, deklaratorischer Durch einen →*deklaratorisch*en Rechtsakt wird das Bestehen eines Rechts oder →*Rechtsverhältnis*ses fest- oder klargestellt.

Rechtsanspruch Siehe →*Anspruch.*

Rechtsausübung, unzulässige Liegt vor, wenn jemand treuwidrig (→*Treu und Glauben*) ein ihm zustehendes subjektives Recht oder eine formale Rechtsposition ausnutzt. Andere Bezeichnung →*Rechtsmissbrauch.*

Rechtsbedingung Rechtlicher Umstand, der für den Eintritt eines Rechtserfolgs notwendig ist. Keine →*Bedingung* i. S. d. § 158 BGB.
Andere Bezeichnung: →*conditio iuris.*

Rechtsbindungswille Bestandteil des objektiven Tatbestands einer →*Willenserklärung* (→*Willenserklärung, objektiven Tatbestand einer*). Aus der Erklärung muss für einen objektiven →*Erklärungsempfänger* der Wille ersichtlich sein, einen bestimmten rechtlichen Erfolg herbeizuführen. Fehlt bei →*Gefälligkeitsverhältnis*sen, Auskünften, Ratschlägen und der →*invitatio ad offerendum.*

Rechtscheinsvollmacht →*Vollmacht,* die auf einem →*Rechtsschein* beruht. Siehe: →*Anscheinsvollmacht;* →*Duldungsvollmacht.*

Rechtserwerb Erwerb eines Rechts aufgrund des Willens der Beteiligten oder kraft →*Gesetzes.*

	Siehe →*Rechtserwerb, abgeleiteter*; →*Rechterwerb, ursprünglicher.*
Rechtserwerb, abgeleiteter	Erwerb eines Rechts, das von einem Rechtsvorgänger abgeleitet wird.
Rechtserwerb, derivativer	Siehe →*Rechtserwerb, abgeleiteter.*
Rechtserwerb, originärer	Siehe →*Rechtserwerb, ursprünglicher.*
Rechtserwerb, ursprünglicher	Erwerb eines Rechts durch einen besonderen Erwerbsgrund (z. B. durch →*Aneignung*).
Rechtsfähigkeit	Die Fähigkeit, Träger von Rechten und Pflichten zu sein. Rechtsfähig sind natürliche (→*Person, natürliche*) und juristische →*Person*en (→*Person, juristische*).
Rechtsfähigkeit, Beginn beim Menschen	Mit Vollendung der Geburt (→*Geburt, Vollendung der*), vgl. § 1 BGB.
Rechtsfolgenirrtum	Liegt vor, wenn sich der Erklärende über die Rechtsfolgen seines Verhaltens irrt.
Rechtsfolgenverweisung	Verweisung auf die Rechtsfolgen einer anderen Regelung.
Rechtsfolgenwille	Siehe →*Geschäftswille.*
Rechtsfrüchte	Siehe →*Früchte eines Rechts.*
Rechtsgeschäft	Eine oder mehrere →*Willenserklärung*en, die für sich oder zusammen mit anderen Tatbestandsmerkmalen eine Rechtsfolge herbeiführen.
Rechtsgeschäft, abstraktes	→*Rechtsgeschäft*, das den →*Rechtsgrund* nicht in sich trägt und von diesem unabhängig ist, z. B. eine →*Übereignung* nach § 929 BGB).
Rechtsgeschäft, bedingungsfeindliches	→*Rechtsgeschäft*, das nicht unter einer →*Bedingung* vorgenommen werden darf, weil kein Schwebezustand entstehen soll, vgl. z. B. §§ 925 Abs. 2, 1311 S. 2 BGB.
Rechtsgeschäft, einseitiges	→*Rechtsgeschäft*, das nur die →*Willenserklärung* einer →*Person* enthält, z. B. →*Anfechtung*, →*Kündigung*, →*Widerruf.*

Rechtsgeschäft, fiduziarisches Siehe →*Treuhandgeschäft*.

Rechtsgeschäft, höchstpersönliches Betrifft Rechte, die so eng mit der →*Person* des Berechtigten verbunden sind, dass sie nicht übertragbar sind (z. B. →*Eheschließung*). Die →*Vertretung* ist bei einem solchen →*Rechtsgeschäft* ausgeschlossen.

Rechtsgeschäft, kausales →*Rechtsgeschäft*, das die Vereinbarung über den →*Rechtsgrund* in sich trägt.
Andere Bezeichnung: →*Kausalgeschäft*.

Rechtsgeschäft, mehrseitiges Enthält aufeinander bezogene →*Willenserklärung*en mehrerer →*Person*en, z. B. ein →*Vertrag*.

Rechtsgeschäft, nichtiges →*Rechtsgeschäft*, das so schwere Fehler aufweist, dass ihm keine Rechtswirkungen zukommen.

Rechtsgeschäft, personenbezogenes →*Rechtsgeschäft*, das konkret auf die →*Person* oder deren Personenstand bezogen ist.

Rechtsgeschäft, relativ unwirksames Siehe →*Unwirksamkeit, relative*.

Rechtsgeschäft, schwebend unwirksames →*Rechtsgeschäft*, dessen Gültigkeit von einer privatrechtlichen oder öffentlich-rechtlichen →*Genehmigung* abhängt. Wird es genehmigt, wird es rückwirkend gültig, bei Verweigerung der →*Genehmigung* nichtig.

Rechtsgeschäft, sittenwidriges →*Rechtsgeschäft*, das gegen das Anstandsgefühl aller billig und gerecht Denkenden verstößt. Gemäß § 138 Abs. 1 BGB nichtig (→*Nichtigkeit*).

Rechtsgrund Die von der Rechtsordnung geforderte Grundlage für ein Recht.

Rechtsgrundverweisung Verweisung auf die Voraussetzungen und die Rechtsfolgen einer anderen Regelung.

Rechtsgut Güter, die die Lebensinteressen des Einzelnen verkörpern, z. B. Leben, körperliche Unversehrtheit, →*Freiheit*.
Andere Bezeichnung: →*Schutzgut*.

Rechtshandlung Jedes Verhalten, an das Rechtsfolgen geknüpft sind.

Rechtshängigkeit Schweben eines Rechtsstreits vor Gericht; beginnt mit →*Zustellung* der Klage an den Gegner, vgl. § 261 ZPO.

Rechtsirrtum →*Irrtum* über die bestehende Rechtslage.

Rechtsmangel Liegt vor, wenn der →*Gläubiger* die Verpflichtung, einen →*Gegenstand* frei von Rechten Dritter zu verschaffen, nicht erfüllt.

Rechtsmissbrauch Siehe →*Rechtsausübung, unzulässige.*

Rechtsnachfolge Übergang von Rechten und Pflichten von einer →*Person* auf eine oder mehrere andere. Andere Bezeichnung: →*Sukzession.*

Rechtsobjekt →*Gegenstand,* an dem ein subjektives Recht besteht oder auf den sich ein subjektives Recht bezieht.

Rechtsschein Der durch äußere →*Tatsache*n erweckte Anschein des Bestehens eines Rechts.

Rechtsscheinvollmacht Auf →*Rechtsschein* beruhende →*„Vollmacht".* Siehe →*Anscheinsvollmacht*; →*Duldungsvollmacht.*

Rechtssubjekt Träger von Rechten und Pflichten. Rechtssubjekt kann eine natürliche (→*Person, natürliche*) oder juristische →*Person* (→*Person, juristische*) sein.

Rechtsverhältnis Die rechtliche Beziehung zwischen →*Person*en untereinander oder zwischen einer →*Person* und einem →*Gegenstand.*

Rechtswidrigkeit Im Widerspruch zur Rechtsordnung stehend. Siehe auch →*Handlung, rechtswidrige.*

Reflexschaden Siehe →*Schaden, mittelbarer.*

Regelverzugszins Der in § 288 Abs. 1 S. 2 BGB festgelegte →*Verzugszinssatz.* Er beträgt für das Jahr fünf Prozentpunkte über dem →*Basiszinssatz.*

Reise Die Gesamtheit von Reiseleistungen, vgl. § 651a BGB, als eine als Einheit angebotene →*Leistung,* die aus mehreren Komponenten bestehen kann.

Reisevertrag →*Vertrag*, bei dem sich ein Reiseveranstalter verpflichtet, dem Reisenden eine Gesamtheit von Reiseleistungen (→*Reise*) gegen Zahlung eines Reisepreises zu erbringen, vgl. § 651a Abs. 1 BGB.

Rentenschuld Die Bestellung einer →*Grundschuld* in der Weise, dass in regelmäßig wiederkehrenden →*Termin*en eine bestimmte Geldsumme aus dem →*Grundstück* zu zahlen ist, vgl. § 1199 Abs. 1 BGB.

Repräsentationsprinzip Grundsatz bei der gesetzlichen →*Erbfolge* (→*Erbfolge, gesetzliche*), nach der ein zur Zeit des →*Erbfall*s lebender →*Abkömmling* die durch ihn mit dem *Erblasser* verwandten →*Abkömmling*e von der →*Erbfolge* ausschließt (z. B. ein Kind des →*Erblasser*s seine Kinder, also die Enkel des →*Erblasser*s, vgl. § 1924 Abs. 2 BGB).

Resolutivbedingung Siehe →*Bedingung, auflösende.*

Rückbürgschaft →*Bürgschaft*, bei der der →*Bürge* für die Erfüllung der Ersatzforderung des Hauptbürgen gegen den →*Schuldner* oder des →*Nachbürge*n gegen den →*Vorbürge*n einstehen muss.

Rückgewährschuldverhältnis →*Schuldverhältnis*, das darauf gerichtet ist, bereits empfangene →*Leistung*en rückabzuwickeln.

Rückgriffskondiktion →*Nichtleistungskondiktion*, bei der jemand durch die →*Handlung* eines anderen von einer eigenen Verbindlichkeit befreit wurde.

Rücktritt Im →*Schuldrecht* die Rückgängigmachung eines →*Vertrag*s durch eine einseitige empfangsbedürftige →*Willenserklärung* (→*Willenserklärung, empfangsbedürftige*) aufgrund eines vertraglichen oder gesetzlichen →*Rücktrittsrecht*s.

Rücktrittserklärung Auf den →*Rücktritt* gerichtete →*Gestaltungserklärung*.

Rücktrittsrecht Recht, einen →*Vertrag* durch eine einseitige empfangsbedürftige →*Willenserklärung* (→*Willenserklärung, empfangsbedürftige*; →*Rücktrittserklärung*) rückgängig zu machen. Kann sich aus →*Vertrag* oder aus gesetzlichen Vorschriften ergeben.

S

Sachdarlehensvertrag →*Vertrag*, durch den sich ein Darlehensgeber verpflichtet, vertretbare →*Sache*n (→*Sache, vertretbare*) zu überlassen, die der Darlehensnehmer (i. d. R.) neben der Zahlung eines Darlehensentgelts später in gleicher Art, Menge und Güte zurückzugeben hat, vgl. § 607 BGB.

Sache 1. Körperlicher →*Gegenstand*, vgl. § 90 BGB. Körperlich ist ein →*Gegenstand*, wenn er sinnlich wahrnehmbar und räumlich abgrenzbar ist.
2. I.S.d. § 119 Abs. 2 BGB jeder Gegenstand des →*Rechtsgeschäfts*.

Sache, abhandengekommene (§ 935 BGB) Siehe →*Abhandenkommen*.

Sache, Bestandteil einer Jeder Teil einer einheitlichen oder zusammengesetzten →*Sache*.

Sache, bewegliche →*Sache*, die weder →*Grundstück* noch Grundstücksbestandteil ist.
Andere Bezeichnung: →*Mobilie*.

Sache, herrenlose Eine →*Sache*, an der kein →*Eigentum* besteht. Eine bewegliche →*Sache* (→*Sache, bewegliche*) ist herrenlos, wenn bisher kein →*Eigentum* an ihr bestanden hat oder wenn der bisherige →*Eigentümer* in der Absicht, auf das →*Eigentum* zu verzichten, den →*Besitz* der →*Sache* aufgibt, vgl. § 959 BGB.

Sache, teilbare →*Sache*, die sich ohne Wertminderung in gleichartige Teile zerlegen lässt, vgl. § 752, S. 1 BGB.

Sache, unbewegliche Siehe →*Grundstück*.
Andere Bezeichnung: →*Immobilie*.

Sache, verbrauchbare Bewegliche →*Sache* (→*Sache, bewegliche*), deren bestimmungsmäßiger Gebrauch in dem Verbrauch oder in der Veräußerung besteht, vgl. § 92 Abs. 1 BGB. Als verbrauchbar gelten auch bewegliche →*Sache*n (→*Sache, bewegliche*), die zu einem Warenlager oder zu einem sonstigen Sachinbegriff gehören, dessen bestimmungsmäßiger Gebrauch in der Veräußerung der einzelnen →*Sach*en besteht, vgl. § 92 Abs. 2 BGB.

Sache, verlorene →*Sache*, die besitzlos, aber nicht herrenlos (→*Sache, herrenlose*) ist.

Sache, vertretbare Bewegliche →*Sache* (→*Sache, bewegliche*), die im Verkehr nach Zahl, Maß oder Gewicht bestimmt zu werden pflegt, vgl. § 91 BGB.

Sache, wesentliche Bestandteile einer Bestandteile einer →*Sache*, (→*Sache, Bestandteil einer*) die voneinander nicht getrennt werden können, ohne dass der eine oder andere zerstört oder in seinem Wesen verändert wird, vgl. § 93 BGB.

Sacheinheit Mehrzahl von Einzelsachen, die nach der *Verkehrsanschauung* eine einheitliche →*Sache* bilden und rechtlich als einzige →*Sache* behandelt werden.

Sachenrecht 1. Drittes Buch des BGB (→*Bürgerliches Gesetzbuch*), §§ 854 bis 1296. Enthält die →*Sach*en betreffenden speziellen gesetzlichen Bestimmungen.
2. Teilweise auch als Bezeichnung der Berechtigung einer →*Person* an einer →*Sache* benutzt.

Sachfrüchte Siehe →*Früchte einer Sache.*

Sachgesamtheit Mehrheit von sachenrechtlich selbständigen →*Sach*en, die wegen einer gemeinsamen Zweckbestimmung schuldrechtlich als Einheit behandelt werden können.

Sachherrschaft Tatsächliche Herrschaft einer →*Person* über eine →*Sache.*

Sachmangel Im Kauf- bzw. Werkvertragsrecht die in § 434 bzw. § 633 Abs. 2 BGB aufgeführten Mängel (→*Mangel*) der Kaufsache bzw. des Werks.

Sachschaden Der an einer →*Sache* entstandene →*Schaden.*

Schaden Materieller oder immaterieller Nachteil, den jemand durch ein bestimmtes Ereignis unfreiwillig erleidet.

Schaden, immaterieller Einbuße an Gütern ohne eigenen Vermögenswert (z. B. Körper, Gesundheit, Ehre oder →*Freiheit*). Entschädigung für solche Schäden (→*Schaden*) kann in Geld nur in den durch das →*Gesetz* bestimmten Fällen gefordert werden, § 253 Abs. 1 BGB.
Andere Bezeichnung: →*Nichtvermögensschaden*.

Schaden, materieller Siehe →*Vermögensschaden*.

Schaden, mittelbarer →*Schaden*, der nicht an dem durch das schädigende Ereignis unmittelbar betroffenen Gut, sondern aufgrund dieses Ereignisses an einem oder mehreren anderen Gütern eintritt.
Andere Bezeichnung: →*Folgeschaden*; →*Reflexschaden*.

Schaden, unmittelbarer Der aufgrund des schädigenden Ereignisses am verletzten Gut entstandene →*Schaden*.
Andere Bezeichnung: →*Verletzungsschaden*.

Schadensersatz Ersatz oder Ausgleich des einer →*Person* entstandenen →*Schadens* durch eine andere →*Person*.

Schadenskompensation Wertersatz in Geld für Vermögensschäden (→*Vermögensschaden*), die nicht durch →*Naturalrestitution* ausgeglichen werden können oder müssen, vgl. § 251 BGB.

Schadensminderungspflicht Pflicht des Geschädigten, den →*Schaden* so gering wie möglich zu halten.

Schatz →*Sache*, die so lange verborgen gelegen hat, dass der →*Eigentümer* nicht mehr zu ermitteln ist, vgl. § 984 BGB.

Scheidung der Ehe Siehe →*Ehescheidung*.

Scheidungsgrund Siehe →*Zerrüttungsprinzip*.

Scheinbestandteil →*Sache*, die nur zu einem vorübergehenden Zweck mit einem →*Grundstück* verbunden oder in ein Gebäude eingefügt ist, vgl. § 95 Abs. 1 BGB.

Scheingeschäft Liegt vor, wenn die Parteien nur den äußeren Schein eines →*Rechtsgeschäfts* hervorrufen, ohne dass die mit diesem →*Rechtsgeschäft* verbundenen Rechtswirkungen von den Parteien gewollt sind.

vgl. § 117 BGB.
Andere Bezeichnung →*Geschäft, simuliertes.*

Scheitern der Ehe

Siehe →*Ehe, Scheitern der.*

Schenkung

Siehe
1. →*Schenkungsvertrag.*
2. →*Schenkung, renumertorische.*
3. →*Schenkung von Todes wegen.*
4. →*Anstandsschenkung.*
5. →*Pflichtschenkung.*

Schenkung auf den Todesfall

Siehe →*Schenkung von Todes wegen.*

Schenkung von Todes wegen

Schenkungsversprechen, welches unter der →*Bedingung* erteilt wird, dass der Beschenkte den Schenker überlebt. Es finden die Vorschriften über →*Verfügungen von Todes wegen* Anwendung, vgl. § 2301 Abs. 1 S. 1 BGB.
Andere Bezeichnung: →*Schenkung auf den Todesfall.*

Schenkung, renumeratorische

Rechtlich nicht geschuldete, unentgeltliche →*Zuwendung* für eine erbrachte Tätigkeit oder sonstige Leistung (i. w. S.).

Schenkungsverbot (Familienrecht)

Gemäß § 1641 BGB können →*Eltern* nicht in →*Vertretung* des Kindes →*Schenkungen* machen. Ausgenommen sind →*Schenkungen*, durch die einer sittlichen Pflicht (→*Pflichtschenkung*) oder einer auf den Anstand zu nehmenden Rücksicht (→*Anstandsschenkung*) entsprochen wird.

Schenkungsvertrag

Einseitig verpflichtender →*Vertrag*, (→*Vertrag, einseitig verpflichtender*) durch den sich jemand (der Schenker) verpflichtet, einen Vermögenswert an einen anderen (den Beschenkten) zu übertragen, ohne dafür eine →*Gegenleistung* zu erhalten, vgl. § 516 Abs. 1 BGB.

Scherzerklärung

→*Willenserklärung*, deren Rechtsfolge vom Erklärenden nicht ernstlich gewollt ist und die in der Erwartung abgegeben wird, der Mangel der Ernstlichkeit werde nicht verkannt werden, vgl. § 118 BGB.

Schickschuld Der →*Schuldner* muss dem →*Gläubiger* die →*Leistung* schicken. Der →*Leistungsort* liegt beim →*Schuldner*, der →*Erfolgsort* beim →*Gläubiger*.

Schikaneverbot In § 226 BGB statuiertes Verbot, ein Recht auszuüben, wenn die Ausübung nur den Zweck haben kann, einem anderen →*Schaden* zuzufügen. Gesetzliche geregelter Fall des Verbots unzulässiger Rechtsausübung (→*Rechtsausübung, unzulässige*).

Schlüsselgewalt Berechtigung jedes Ehegatten, Geschäfte zur angemessenen Deckung des Lebensbedarfs der →*Familie* auch mit Wirkung für den anderen Ehegatten zu besorgen, vgl. § 1357 BGB.

Schlusserbe Der oder die →*Person*en, die nach dem Willen der Ehegatten in einem gemeinschaftlichen →*Testament* (→*Testament, gemeinschaftliches*) →*Erb*en des letztversterbenden Ehegatten werden sollen. Siehe auch →*Testament, Berliner).*

Schmerzensgeld Entschädigung in Geld für einen immateriellen →Schaden (→*Schaden, immaterieller*) in den durch das →*Gesetz* bestimmten Fällen, vgl. § 253 BGB.

Schriftform Urkundliche Gestaltung einer →*Willenserklärung* oder eines →*Rechtsgeschäft*s durch Text und eigenhändige →*Namensunterschrift* oder notariell beglaubigten Handzeichens, vgl. § 126 BGB.

Schuldanerkenntnis →*Vertrag*, durch den das Bestehen eines →*Schuldverhältnis*ses anerkannt wird, vgl. § 781 S. 1 BGB.

Schuldanerkenntnis, deklaratorisches →*Schuldanerkenntnis*, das eine bereits bestehende Schuld bestätigt.

Schuldanerkenntnis, konstitutives →*Schuldanerkenntnis*, das unabhängig von einem bestehenden Schuldgrund eine neue Verpflichtung schafft.

Schuldanerkenntnis, negatives →*Vertrag*, mit dem ein →*Gläubiger* gegenüber dem →*Schuldner* anerkennt, dass ein →*Schuldverhältnis* nicht besteht, vgl. § 397 Abs. 2 BGB.

Schuldbeitritt Verpflichtung eines Dritten gegenüber einem →*Gläubiger*, für die bestehende Schuld eines →*Schuldner*s gleichrangig neben diesem zu haften.

	Andere Bezeichnungen: →*Schuldübernahme, kumulative;* →*Schuldmitübernahme.*
Schuldersetzung	Vertragliche Aufhebung eines →*Schuldverhältnisses* durch gleichzeitige Begründung eines neuen →*Schuldverhältnisses.* Andere Bezeichnung →*Novation*; →*Schuldumwandlung;* →*Schuldumschaffung.*
Schuldmitübernahme	Siehe →*Schuldbeitritt.*
Schuldner	→*Person*, von der ein →*Gläubiger* aus einem →*Schuldverhältnis* eine →*Leistung* fordern kann, vgl. § 241 Abs. 1 BGB.
Schuldnermehrheit	Liegt vor, wenn mehrere →*Schuldner* an einem →*Schuldverhältnis* beteiligt sind, z. B. bei der →*Gesamtschuld*, §§ 421 ff. BGB.
Schuldnerverzug	Die vom →*Schuldner* zu vertretende Verzögerung einer geschuldeten →*Leistung.*
Schuldort	Siehe →*Leistungsort.*
Schuldrecht	Zweites Buch des BGB (→*Bürgerliches Gesetzbuch*), §§ 241 bis 853 BGB. Teil des →*Privatrechts*, das die →*Schuldverhältnis*se regelt.
Schuldrecht allgemeiner Teil	§§ 241 bis 432 BGB. Allgemeine, auf alle →*Schuldverhältnis*se anwendbare gesetzliche Regelungen.
Schuldrecht besonderer Teil	§§ 433 bis 853 BGB. Gesetzliche Regelungen zu einzelnen →*Schuldverhältnis*sen.
Schuldschein	→*Urkunde*, die eine Schuld bestätigt oder begründet.
Schuldübernahme	Vertragliche Übernahme einer bestehenden Schuld durch einen neuen →*Schuldner*, vgl. § 414 BGB.
Schuldübernahme, befreiende	→*Vertrag*, durch den ein Dritter die Schuld eines bisherigen →*Schuldner*s gegenüber dem →*Gläubiger* in der Weise übernimmt, dass er an die Stelle des bisherigen →*Schuldner*s tritt, vgl. §§ 414, 415 BGB.
Schuldübernahme, kumulative	Siehe →*Schuldbeitritt.*

Schuldumschaffung	Siehe →*Schuldersetzung.*
Schuldumwandlung	Siehe →*Schuldersetzung.*
Schuldverhältnis	Rechtsbeziehung zwischen mindestens zwei →*Personen*, kraft derer die eine (→*Gläubiger*) berechtigt ist, von der anderen (→*Schuldner*) eine →*Leistung* zu fordern.
Schuldverhältnis im engeren Sinne	Der einzelne →*Anspruch* des →*Gläubigers* gegen den →*Schuldner.*
Schuldverhältnis im weiteren Sinne	Die Gesamtheit alle gegenseitigen Leistungsansprüche und Leistungspflichten in einem →*Schuldverhältnis.*
Schuldverhältnis, gesetzliches	→*Schuldverhältnis*, das allein dadurch entsteht, dass die im →*Gesetz* genannten Voraussetzungen vorliegen, z. B. die →*Geschäftsführung ohne Auftrag.*
Schuldverhältnis, rechtsgeschäftliches	→*Schuldverhältnis*, das durch →*Vertrag* (§ 311 Abs. 1 BGB), ausnahmsweise durch einseitiges →*Rechtsgeschäft* (→*Rechtsgeschäft, einseitiges*, z. B. § 657 BGB) entsteht.
Schuldverhältnis, rechtsgeschäftsähnliches	Rechtliche Sonderverbindung, die keine Leistungspflichten nach § 241 Abs. 1 BGB, aber Rücksichtnahmepflichten nach § 241 Abs. 2 BGB begründet. Dazu gehören vorvertragliche →*Schuldverhältnisse* (§ 311 Abs. 2 BGB) und die Inanspruchnahme besonderen Vertrauens (§ 311 Abs. 3 BGB).
Schuldverschreibung auf den Inhaber	Siehe →*Inhaberschuldverschreibung.*
Schuldversprechen	→*Vertrag*, durch den eine →*Leistung* in der Weise versprochen wird, dass das Versprechen die Verpflichtung selbständig begründen soll, vgl. § 780 S. 1 BGB.
Schutzgesetz (§ 823 Abs. 2 BGB)	Jede Rechtsnorm (Art. 2 EGBGB), die ein Ge- oder Verbot ausspricht und zumindest auch dem Schutz des Einzelnen dient.
Schutzgut	Siehe →*Rechtsgut.*

Schwägerschaft Verhältnis zwischen den Verwandten eines Ehegatten mit dem anderen Ehegatten, vgl. § 1590 Abs. 1 S. 1 BGB.

Schweigen Nichtäußerung einer →*Person*. Kommt kein Erklärungswert zu, es sei denn, das →*Gesetz* fingiert diesen (z. B. in §§ 108 Abs. 2 S. 2, 177 Abs. 2 S. 2 BGB) oder die Vertragsparteien haben dem Schweigen einvernehmlich Erklärungswert beigemessen.

Seetestament Siehe →*Nottestament auf See*.

Seitenlinie Siehe →*Verwandtschaft in der Seitenlinie*.

Sekundärpflichten Folgen aus der Störung von →*Primärpflichten*. Sie können an die Stelle von →*Primärpflichten* oder neben diese treten.

Selbsthilfe Private Durchsetzung oder Sicherung eines →*Anspruch*s, vgl. z. B. §§ 229, 562b, 859 BGB.

Selbsthilfeverkauf Veräußerung geschuldeter beweglicher →*Sache*n (→*Sache, bewegliche*) durch den →*Schuldner*, unter den Voraussetzungen der §§ 383 ff. BGB.
Andere Bezeichnung: →*Notverkauf*.

Selbstkontrahieren Fall des →*Insichgeschäft*s. Liegt vor, wenn ein →*Vertreter* im Namen des Vertretenen mit sich selbst ein →*Rechtsgeschäft* vornimmt, vgl. § 181 Alt. 1 BGB.

Selbstvornahme Im Werk- und Mietrecht die Mängelbeseitigung durch den →*Besteller* bzw. Mieter, vgl. §§ 536a Abs. 2, 637 BGB.

Sicherheitsleistung Eine auf →*Vertrag*, →*Gesetz* oder gerichtlicher Verfügung beruhende Maßnahme, die einen anderen vor künftigen Nachteilen bewahren soll.

Sicherungsabrede →*Vertrag*, durch den sich eine Partei gegenüber einer anderen verpflichtet, eine bestimmte Sicherheit für eine →*Forderung* einzuräumen.
Andere Bezeichnung: →*Sicherungsvertrag*.

Sicherungsabtretung →*Abtretung* einer →*Forderung* zur Sicherung einer →*Forderung* des →*Zessionar*s gegen den →*Zedenten*.

Sicherungsgrundschuld	→*Grundschuld*, die zur Sicherung eines →*Anspruch*s verschafft worden ist, vgl. § 1192 Abs. 1a BGB.
Sicherungshypothek	→*Hypothek*, bei der das Recht des →*Gläubiger*s aus der →*Hypothek* sich nur nach der →*Forderung* bestimmt und der →*Gläubiger* sich zum →*Beweis* der →*Forderung* nicht auf die →*Eintragung* im →*Grundbuch* berufen kann, vgl. § 1184 Abs. 1 BGB.
Sicherungsübereignung	→*Übereignung* einer beweglichen →*Sache* (→*Sache, bewegliche*) ohne Übertragung des unmittelbaren →*Besitzes* (→*Besitz, unmittelbarer*) zur Sicherung einer →*Forderung*.
Sicherungsvertrag	Siehe →*Sicherungsabrede*.
Singularsukzession	(lat.) succedere = nachrücken. Übergang einzelner Rechte und Pflichten auf eine andere →*Person*. Andere Bezeichnung: →*Einzelrechtsnachfolge*.
Sittenwidrigkeit	Liegt vor bei einem Verstoß gegen das Anstandsgefühl aller billig und gerecht Denkenden. Siehe auch →*Rechtsgeschäft, sittenwidriges*.
Sondergut	Im →*Güterstand* der →*Gütergemeinschaft* die Gegenstände (→*Gegenstand*), die nicht durch →*Rechtsgeschäft* übertragen werden können, vgl. § 1417 Abs. 2 BGB. Das Sondergut ist vom →*Gesamtgut* ausgeschlossen, vgl. § 1417 Abs. 1 BGB.
Sonderprivatrecht	Siehe →*Privatrecht, besonderes*.
Sorge, elterliche	Die Pflicht und das Recht der →*Eltern*, für das minderjährige Kind zu sorgen, vgl. § 1626 Abs. 1 S. 1 BGB. Umfasst die Sorge für die Person des Kindes (→*Personensorge*) und das Vermögen des Kindes (→*Vermögenssorge*), § 1626 Abs. 1 S. 2 BGB sowie das Recht, das Kind zu vertreten, § 1629 Abs. 1 BGB.
Sorgerecht	Siehe →*Sorge, elterliche*.

Sorgfalt in eigenen Angelegenheiten Wird anhand eines subjektiven Maßstabs ermittelt. Abzustellen ist auf das gewöhnliche individuelle Verhalten und die Eigenheiten des Schädigers. Befreit nicht von der →*Haftung* für grobe →*Fahrlässigkeit* (→*Fahrlässigkeit, grobe*), vgl. § 277 BGB. Andere Bezeichnung: →*diligentia quam in suis*; →*Sorgfalt, eigenübliche*.
Teilweise auch als konkrete →*Fahrlässigkeit* (→*Fahrlässigkeit, konkrete*) bezeichnet.

Sorgfalt, eigenübliche Siehe →*Sorgfalt in eigenen Angelegenheiten*.

Spezialitätsprinzip (Sachenrecht) Besagt, dass dingliche Rechte (→*Recht, dingliches*) nur an einzelnen →*Sache*n bestehen können.

Spezialvollmacht →*Vollmacht*, die nur zur Vornahme eines ganz bestimmten →*Rechtsgeschäft*s berechtigt.

Spezieskauf Siehe →*Stückkauf*.

Speziessache Ein individualisiertes Einzelstück.

Speziesschuld Siehe →*Stückschuld*.

Spiel Siehe →*Spielvertrag*.

Spielvertrag →*Vertrag*, durch den sich die Vertragspartner zum Zwecke der Unterhaltung und/oder wegen eines Gewinns eine →*Leistung* unter den entgegengesetzten Bedingungen versprechen. Durch ein Spiel wird gemäß § 762 Abs. 1 S. 1 BGB keine →*Verbindlichkeit* begründet.

Staatserbrecht →*Erbrecht* des Staates, wenn der →*Erblasser* keinen →*Erben* (wirksam) durch →*Verfügung von Todes wegen* bestimmt hat und zur Zeit des →*Erbfall*s auch kein Verwandter, Ehegatte oder Lebenspartner des →*Erblasser*s als gesetzlicher →*Erbe* (→*Erbe, gesetzlicher*) vorhanden ist, vgl. § 1936 BGB.

Standesamt Behörde zur Beurkundung von →*Eheschließung*en, Geburten und Todesfällen.

stellvertretendes commodum Siehe →*commodum, stellvertretendes*.

Stellvertreter Siehe →*Vertreter*.

Stellvertretung Siehe →*Vertretung*.

Stellvertretung, aktive Siehe →*Vertretung, aktive.*

Stellvertretung, mittelbare Siehe →*Vertretung, unechte.*

Stellvertretung, passive Siehe →*Vertretung, passive.*

Stellvertretung, unechte Siehe →*Vertretung, unechte.*

Stellvertretung, verdeckte Siehe →*Vertretung, unechte.*

Stiftung I.S.d. §§ 80 ff. BGB die Widmung einer Vermögensmasse durch den Stifter zu einem bestimmten Zweck. Durch staatliche Genehmigung wird die Stiftung eine juristische →*Person* (→*Person, juristische*) und erlangt damit →*Rechtsfähigkeit.*

Stillhalteabkommen →*Vertrag*, durch den ein →*Schuldner* berechtigt ist vorübergehend die →*Leistung* zu verweigern und der →*Gläubiger* zeitweilig darauf verzichtet, seine Ansprüche jederzeit weiterzuverfolgen.
Andere Bezeichnung: →*pactum de non petendo.*

Störer (§ 1004 BGB) Jemand, der das →*Eigentum* eines anderen in anderer Weise als durch Entziehung oder Vorenthaltung des →*Besitzes* beeinträchtigt. Zu unterscheiden ist zwischen dem →*Handlungsstörer* und dem →*Zustandsstörer.*

Störung (§ 1004 BGB) Beeinträchtigung des →*Eigentums* eines anderen in anderer Weise als durch Entziehung oder Vorenthaltung des →*Besitzes.*

Störung der Geschäftsgrundlage In § 313 BGB geregelte Fälle des →*Wegfalls der Geschäftsgrundlage* und des →*Fehlens der Geschäftsgrundlage.*

Strohmanngeschäft Liegt vor, wenn ein Hintermann, der unerkannt bleiben will, einen Dritten in dessen eigenen Namen aber für Rechnung und im Interesse des Hintermanns ein Geschäft abschließen lässt.

Stückkauf →*Kaufvertrag*, der sich auf einen individuell bestimmten →*Gegenstand* (→*Stückschuld*) bezieht.
Andere Bezeichnung: →*Spezieskauf.*

Stückschuld Liegt vor, wenn der Leistungsgegenstand von vornherein durch die Parteien individuell bestimmt wurde.
Andere Bezeichnung: →*Speziesschuld.*

Stückvermächtnis →*Vermächtnis*, bei dem ein bestimmter →*Gegenstand* zugewandt wird, vgl. § 2169 Abs. 1 BGB.

Stundung Zeitliches Hinausschieben der →*Fälligkeit* einer →*Forderung.* Sie beruht in der Regel auf einer Vereinbarung zwischen →*Gläubiger* und →*Schuldner* und kann mit →*Vertragsschluss* oder später erfolgen.

Substanzschaden →*Schaden*, der sich durch die Zerstörung oder Beschädigung einer →*Sache* ergibt.

Sukzession Siehe →*Rechtsnachfolge.*

Sukzessivlieferungsvertrag →*Vertrag*, der auf die Erbringung von →*Leistung*en in zeitlich aufeinander folgenden Teilen gerichtet ist.
Andere Bezeichnung: →*Teillieferungsvertrag.*

Surrogat (lat.) Ersatz.

Surrogation Ersetzung eines →*Gegenstand*s durch einen anderen →*Gegenstand* (→*Surrogat*).

Surrogation, dingliche →*Surrogation*, bei der das →*Surrogat* kraft →*Gesetz*es mit dinglicher Wirkung an die Stelle des ursprünglichen →*Gegenstand*s tritt.

Surrogation, schuldrechtliche Schuldrechtlicher →*Anspruch* auf ein →*Surrogat.*

Surrogatmutter Siehe: →*Leihmutter.*

Suspensivbedingung Siehe →*Bedingung, aufschiebende.*

Synallagma Gegenseitige Abhängigkeit von →*Leistung* und →*Gegenleistung* bei einem gegenseitigen →*Vertrag* (→*Vertrag, gegenseitiger*).
Siehe auch →*Vertrag, synallagmatischer.*

T

Taschengeldparagraph Bezeichnung für § 110 BGB (→*Bewirken* der →*Leistung* mit eigenen Mitteln).

Tatsache Konkrete Ereignisse, Gegebenheiten oder Zustände in der Vergangenheit oder Gegenwart, die dem →*Beweis* zugänglich sind.

Tatsache, Behaupten einer Mitteilung einer →*Tatsache* als Ausdruck eigener Überzeugung.

Tatsache, unwahre →*Tatsache*, die nicht mit der Wirklichkeit übereinstimmt.

Tatsache, Verbreiten einer Verhalten, das anderen die Möglichkeit eröffnet, eine von Dritten behauptete →*Tatsache* zur Kenntnis zu nehmen.

Tatsachenbehauptung Siehe →*Tatsache, Behaupten einer.*

Tausch Siehe →*Tauschvertrag.*

Täuschung Verhalten, das durch Vorspiegeln falscher oder durch Unterdrückung bzw. Verschweigen wahrer →*Tatsache*n einen →*Irrtum* erregt, bestärkt oder unterhält. Kann durch positives Tun oder →*Unterlassen* begangen werden.

Täuschung, arglistige Vorsätzliche →*Täuschung*. Berechtigt zur →*Anfechtung*, vgl. § 123 Abs. 1 Alt. 1 BGB.

Tauschvertrag Gegenseitiger →*Vertrag* (→*Vertrag, gegenseitiger*), bei dem sich die Vertragsparteien zur Eigentumsübertragung eines bestimmten →*Gegenstand*s gegen Eigentumsübertragung eines anderen bestimmten →*Gegenstand*s verpflichten. Gemäß § 480 BGB finden die Vorschriften über den →*Kauf* entsprechende Anwendung.

Taxe Hoheitlich festgelegter Preis, zumeist in Gebührenordnungen.

Teilbesitz Liegt vor, wenn jemand nur einen Teil einer →*Sache* besitzt, vgl. § 865 BGB.

Teilbetriebsübergang Siehe →*Betriebsübergang.*

Teilgläubigerschaft Gläubigermehrheit, bei der jeder →*Gläubiger* nur einen →*Anspruch* auf einen Teil der →*Leistung* hat, vgl. § 420 BGB.

Teilleistung Eine unvollständige →*Leistung*.

Teillieferungsvertrag Siehe →*Sukzessivlieferungsvertrag*.

Teilrechtsfähigkeit Liegt vor, wenn einem →*Rechtssubjekt* keine volle →*Rechtsfähigkeit* zukommt, ihm aber in bestimmten Bereichen die Fähigkeit zuerkannt wird, Träger von Rechten und Pflichten zu sein.

Teilschuldnerschaft →*Schuldnermehrheit*, bei der jeder →*Schuldner* nur zu einem Teil der →*Leistung* verpflichtet ist, vgl. § 420 BGB.

Teilungsanordnung Anordnung des →*Erblasser*s für die →*Erbauseinandersetzung*, vgl. § 2048 BGB.

Teilzahlung Zahlung des Teilbetrags einer →*Geldschuld*. Siehe auch →*Teilleistung*.

Teilzahlungsabrede Vertragliche Vereinbarung, dass eine →*Geldschuld* in →*Teilzahlung*en geleistet werden kann, soll oder muss.

Teilzeit-Wohnrechtevertrag →*Vertrag*, durch den ein →*Unternehmer* einem →*Verbraucher* gegen Zahlung eines Gesamtpreises das Recht verschafft oder zu verschaffen verspricht, für die Dauer von mehr als einem Jahr ein Wohngebäude, ein Teil eines Wohngebäudes, eine bewegliche, als Übernachtungsunterkunft gedachte →*Sache* (→*Sache, bewegliche*) oder ein Teil derselben mehrfach für einen bestimmten oder zu bestimmenden Zeitraum zu Übernachtungszwecken zu nutzen, vgl. § 481 BGB

Termin Bestimmter Zeitpunkt, zu dem etwas geschehen soll oder eine Rechtswirkung eintritt, vgl. §§ 186 ff. BGB.

Testament Einseitiges →*Rechtsgeschäft*, in dem ein →*Erblasser* Anordnungen für den Fall seines →*Tod*es trifft, vgl. § 1937 BGB.
Andere Bezeichnung: →*Verfügung, letztwillige*.

Testament, außerordentliches Siehe →*Nottestament.*

Testament, Berliner Form des gemeinschaftlichen →*Testaments* (→*Testament, gemeinschaftliches*), in dem sich die Ehegatten gegenseitig als →*Erben* einsetzen und einen oder mehrere Dritte (zumeist die Kinder) bestimmen, dem oder denen nach dem →*Tod* des Letztversterbenden der beiderseitige →*Nachlass* zukommen soll.

Testament, eigenhändiges Wird durch eine eigenständig geschriebene und unterschriebene Erklärung errichtet, vgl. § 2247 Abs. 1 BGB.

Testament, gemeinschaftliches Sonderform des →*Testaments*, das nur von Ehegatten oder Lebenspartnern errichtet werden kann, §§ 2265 ff. BGB, § 10 Abs. 4 LPartG.

Testament, negatives →*Testament* durch das der →*Erblasser* einen →*Verwandten*, den Ehegatten oder den Lebenspartner von der gesetzlichen →*Erbfolge* (→*Erbfolge, gesetzliche*) ausschließt, ohne einen →*Erben* einzusetzen, vgl. § 1938 BGB.
Andere Bezeichnung: →*Negativtestament.*

Testament, öffentliches Wird in der Weise errichtet, dass der →*Erblasser* dem Notar seinen letzten Willen erklärt oder ihm eine offene oder verschlossene Schrift mit der Erklärung übergibt, dass diese seinen letzten Willen enthalte, vgl. § 2232 BGB.

Testament, ordentliches Gemäß § 2231 Nrn. 1 und 2 BGB das öffentliche (→*Testament, öffentliches*) und das eigenhändige →Testament (→*Testament, eigenhändiges*).

Testamentsvollstrecker Vom →*Erblasser* eingesetzte →*Person*, die die letztwilligen Verfügungen (→*Verfügung, letztwillige*) des →*Erblassers* zur Ausführung zu bringen, die Auseinandersetzung zu bewirken und den →*Nachlass* zu verwalten hat.

Testamentsvollstreckungszeugnis Amtliches Zeugnis, das das →*Nachlassgericht* auf Antrag über die Ernennung eines →*Testamentsvollstreckers* erteilt, vgl. § 2368 BGB.

Testator Derjenige, der ein →*Testament* errichtet hat.

Testierfähigkeit Rechtliche Fähigkeit einer →*Person*, ein →*Testament* zu errichten, aufzuheben oder zu ändern, vgl. § 2229 BGB.

Testierfreiheit Bedeutet, dass der →*Erblasser* den Inhalt seiner →*Verfügung von Todes wegen* frei bestimmen kann. Begrenzt durch das Pflichtteilsrecht (→*Pflichtteil*), durch gesetzliche Verbote (→*Verbot, gesetzliches*; § 134 BGB) sowie das Verbot sittenwidriger Geschäfte (→*Sittenwidrigkeit*, § 138 BGB).

Testierwille Bewusstsein, dass es sich bei der erstellten →*Urkunde* um eine rechtsverbindliche letztwillige Verfügung (→*Verfügung, letztwillige*) handelt.

Textform Eine lesbare Erklärung, in der die →*Person* des Erklärenden genannt ist und die auf einem dauerhaften Datenträger abgegeben wurde, vgl. § 126b S. 1 BGB.

Tieraufseher Siehe: →*Tierhüter*.

Tieraufseherhaftung Siehe: →*Tierhüterhaftung*.

Tierhalter Derjenige, der die Bestimmungsmacht über ein Tier hat, aus eigenen Interessen für die Kosten des Tieres aufkommt und dem der Nutzen des Tieres zukommt, vgl. § 833 BGB.

Tierhalterhaftung →*Haftung* des →*Tierhalter*s für Schäden (→*Schaden*), die durch ein Tier angerichtet werden, vgl. § 833 BGB.

Tierhüter Derjenige, der durch →*Vertrag* die Aufsicht über ein Tier übernommen hat, vgl. § 834 BGB.
Andere Bezeichnung: →*Tieraufseher*.

Tierhüterhaftung →*Haftung* des →*Tierhüter*s für Schäden (→*Schaden*), die durch ein Tier angerichtet werden, vgl. § 834 BGB.
Andere Bezeichnung: →*Tieraufseherhaftung*.

Tilgung
1. im engeren Sinne: →*Teilleistung* auf eine Schuld.
2. im weiteren Sinne: →*Erfüllung* einer Schuld.

Tilgungsbestimmung Bestimmung des →*Schuldner*s, auf welche von mehreren →*Verbindlichkeit*en eine von ihm zu erbringende oder erbrachte →*Leistung* erfolgen soll; vgl. §§ 366, 367 BGB.

Tod Tritt mit irreversiblem Ausfall der Gehirnfunktionen, nicht bereits mit Herz- oder Atemstillstand ein. Mit dem Tod endet die →*Rechtsfähigkeit* des Menschen.

Totaldissens Liegt vor, wenn sich die Parteien über alle oder einen wesentlichen Vertragsbestandteil (→*essentialia negotii*) nicht geeinigt haben. Ein →*Vertrag* kommt dann nicht zustande.

Trauung Siehe →*Eheschließung.*

Trennungsjahr Eine →*Ehescheidung* ist grundsätzlich erst möglich, wenn die Ehegatten mindestens ein Jahr →*Getrenntleben* (→*Umkehrschluss* aus § 1565 Abs. 2 BGB).
Ausnahme: →*Härtefallscheidung.*

Trennungsprinzip →*Verpflichtungsgeschäft-* und →*Verfügungsgeschäft* sind rechtlich voneinander getrennt.
Siehe auch →*Abstraktionsprinzip.*

Trennungsunterhalt →*Unterhalt,* der bei nicht nur vorübergehender Trennung der Ehegatten bis zu einer →*Ehescheidung* zu leisten ist, vgl. § 1361 BGB.
Andere Bezeichnung: →*Unterhalt bei Getrenntleben.*

Treu und Glauben Rechtsgrundsatz, der von den am Rechtsverkehr teilnehmenden →*Person*en ein Verhalten fordert, das von redlich und anständig denkenden Menschen in der konkreten Situation und unter den gegebenen Umständen erwartet werden kann, vgl. § 242 BGB.

Treuhandgeschäft Liegt vor, wenn jemand (Treugeber) einem anderen (Treuhänder) einen Vermögensgegenstand überträgt, so dass der Treuhänder das volle Recht erhält zugleich aber aufgrund einer schuldrechtlichen Abrede verpflichtet ist es im Interesse des Treugebers auszuüben.
Andere Bezeichnung: →*Rechtsgeschäft, fiduziarisches.*

Treuhandkonto Siehe →*Anderkonto.*

Typenzwang Bedeutet, dass nur die vom →*Gesetz* vorgegebenen Handlungsformen und Gestaltungen gewählt werden und keine neuen gestaltet oder vereinbart werden dürfen.

U

Überbau Liegt vor, wenn der →*Eigentümer* eines →*Grundstücks* bei der Errichtung eines Gebäudes über die Grenze gebaut hat, vgl. § 912 Abs. 1 BGB.

Übereignung Übertragung des →*Eigentums* an einer →*Sache.*

Übereignung, antizipierte Vorweggenommene →*Übereignung* einer beweglichen →*Sache* (→*Sache, bewegliche*). Hier liegt die nach § 929 S. 1 BGB erforderliche Einigung (→*Einigung (Sachenrecht)*) zeitlich vor der erforderlichen →*Übergabe* bzw. den →*Übergabesurrogaten* der §§ 929 S. 2, 930, 931 BGB.

Überfall Die von einem Baum oder Strauch auf ein Nachbargrundstück (→*Grundstück*) hinüberfallende Frucht, vgl. § 911 BGB.

Übergabe (beweglicher Sachen) Erfordert, dass der Erwerber auf Veranlassung des Veräußerers →*Besitz* an einer →*Sache* erlangt, der Veräußerer den →*Besitz* an dieser →*Sache* verliert.

Überhang Die vom einem Nachbargrundstück (→*Grundstück*) eingedrungenen Wurzeln eines Baumes oder eines Strauches sowie die herüberragenden Zweige, vgl. § 910 Abs. 1 BGB.

Übermittlungsirrtum Liegt vor, wenn eine →*Willenserklärung* durch die zur Übermittlung verwendete →*Person* oder Einrichtung unrichtig übermittelt wurde, vgl. § 120 BGB.

Umdeutung Ersetzung eines nichtigen →*Rechtsgeschäfts* (→*Rechtsgeschäft, nichtiges*) durch ein anderes, wenn anzunehmen ist, dass dessen Geltung bei Kenntnis der →*Nichtigkeit* gewollt sein würde, vgl. § 140 BGB.
Andere Bezeichnung: →*Konversion.*

Umgehungsgeschäft Liegt vor, wenn die Beteiligten versuchen, die für das wirklich gewollte →*Rechtsgeschäft* geltenden Vorschriften durch eine anderweitige (vertragliche) Gestaltung zu umgehen.

Umkehrschluss Siehe →*argumentum e contrario.*

Undank, grober (Schenkung) Schwere Verfehlung des Beschenkten gegen den Schenker oder einen nahen Angehörigen des Schenkers, die zum →*Widerruf* der →*Schenkung* berechtigt, vgl. § 530 Abs. 1 BGB.

Ungeborener Siehe →*nasciturus.*

Universalsukzession Übergang aller Rechte und Pflichten einer →*Person* auf eine oder mehrere andere.
Andere Bezeichnung: →*Gesamtrechtsnachfolge.*

Unmöglichkeit Dauerhafte Nichterbringlichkeit des geschuldeten Erfolgs. Kann auf tatsächlichen oder rechtlichen Gründen beruhen.

Unmöglichkeit, anfängliche Die Leistungserbringung ist schon vor →*Vertragsschluss* unmöglich.

Unmöglichkeit, juristische Nichterbringlichkeit des geschuldeten Erfolgs, da die Rechtsordnung die Leistungserbringung untersagt.

Unmöglichkeit, nachträgliche Die Leistungserbringung wird erst nach →*Vertragsschluss* unmöglich.

Unmöglichkeit, objektive Die →*Leistung* kann von niemandem erbracht werden.

Unmöglichkeit, subjektive Die →*Leistung* kann vom →*Schuldner* nicht erbracht werden. Ein Dritter wäre aber in der Lage, sie zu erbringen.
Andere Bezeichnung: →*Unvermögen.*

Unmöglichkeit, tatsächliche Nichterbringlichkeit des geschuldeten Erfolgs, da der Leistungsgegenstand nicht oder nicht mehr existiert.

Unpfändbarkeit Liegt vor, wenn ein →*Pfändungsverbot* besteht.

Unsicherheitseinrede →*Leistungsverweigerungsrecht* des Vorleistungspflichtigen (→*Vorleistungspflicht*) bei einem gegenseitigen →*Vertrag* (→*Vertrag, gegenseitiger*), wenn nach →*Vertragsschluss* erkennbar wird, dass der andere Teil (Vorleistungsberechtigter) aufgrund mangelnder Leistungsfähigkeit nicht oder nicht vertragsgemäß leisten wird, vgl. § 321 Abs. 1 BGB.

Unterhalt →*Leistung*en zur Sicherstellung des Lebensbedarfs einer natürlichen →*Person* (→*Person, natürliche*).

Unterhalt aus Billigkeitsgründen Nachehelicher →*Unterhalt* (→*Unterhalt, nachehelicher*), der verlangt werden kann, soweit und solange von einem geschiedenen Ehegatten aus schwerwiegenden Gründen eine Erwerbstätigkeit nicht erwartet werden kann und die Versagung von →*Unterhalt* (→*Unterhalt, nachehelicher*) unter Berücksichtigung der Belange beider Ehegatten grob unbillig wäre, vgl. § 1576 BGB.
Andere Bezeichnung: →*Billigkeitsunterhalt.*

Unterhalt bei Getrenntleben Siehe →*Trennungsunterhalt.*

Unterhalt, nachehelicher →*Unterhalt* nach einer →*Scheidung*, vgl. §§ 1569 ff. BGB.
Siehe auch →*Grundsatz der nachehelichen Mitverantwortung.*

Unterhaltspflicht Gesetzliche oder vertragliche Verpflichtung, einer anderen natürlichen →*Person* (→*Person, natürliche*) →*Unterhalt* zu leisten.

Unterlassen Nichtvornahme einer →*Handlung*, zu deren Vornahme eine Rechtspflicht besteht.

Untermietvertrag →*Mietvertrag* zwischen dem Mieter (Hauptmieter) und einem Dritten (Untermieter) über den Gebrauch der Mietsache.

Unternehmer 1. Gemäß § 14 Abs. 1 BGB eine natürliche (→*Person, natürliche*) oder juristische →*Person* (→*Person, juristische*) oder eine rechtsfähige →*Personengesellschaft* (→*Personengesellschaft, rechtsfähige*), die bei Abschluss eines →*Rechtsgeschäfts* in Ausübung ihrer gewerblichen oder selbständigen beruflichen Tätigkeit handelt.
2. Im Werkvertragsrecht derjenige, der sich zur Herbeiführung eines Erfolgs verpflichtet. Dies kann

jede natürliche (→*Person, natürliche*) oder juristische →*Person* (→*Person, juristische*) sein, unabhängig davon, ob sie gewerblich bzw. selbstständig tätig ist oder nicht (→*Werkunternehmer*).

Unternehmerpfandrecht Gesetzliches →*Pfandrecht* des →*Werkunternehmer*s an den in seinen →*Besitz* gelangten beweglichen →*Sache*n (→*Sache, bewegliche*) des →*Besteller*s für seine →*Forderung*en aus einem →*Werkvertrag*, vgl. § 647 BGB.
Andere Bezeichnung: →*Werkunternehmerpfandrecht*.

Unterschrift Siehe →*Namensunterschrift*.

Untervermächtnis →*Vermächtnis,* durch das ein →*Vermächtnisnehmer* beschwert ist, vgl. § 2186 ff. BGB.

Untervollmacht →*Vollmacht,* die nicht durch den Vertretenen selbst, sondern durch den →*Vertreter* (Hauptbevollmächtigter) einem Dritten (Unterbevollmächtigter) erteilt wurde.

Unvermögen Siehe →*Unmöglichkeit, subjektive.*

unverzüglich Ohne schuldhaftes Zögern, vgl. § 121 Abs. 1 BGB.

Unwirksamkeit Ungültigkeit eines →*Rechtsgeschäft*s, d. h. es entfaltet keine Rechtswirkungen.

Unwirksamkeit, relative Liegt vor bei einem →*Rechtsgeschäft*, das nur gegenüber einer bestimmten →*Person* unwirksam, gegenüber allen anderen →*Person*en jedoch wirksam ist.

Unwirksamkeit, schwebende Vorläufige →*Unwirksamkeit* eines →*Rechtsgeschäft*s. Es kann wirksam werden, wenn ein fehlendes Wirksamkeitserfordernis nachgeholt wird.

Urkunde Schriftlich verkörperte Erklärung, die geeignet und bestimmt ist, im Rechtsverkehr →*Beweis* zu erbringen und die den Aussteller erkennen lässt.

Ursachenzusammenhang Siehe →*Kausalität.*

V

Valutaschuld Siehe →*Fremdwährungsschuld.*

Vater Vater eines Kindes ist gemäß § 1592 BGB
1. wer zum Zeitpunkt der Geburt (→*Geburt, Vollendung der*) mit der →*Mutter* des Kindes verheiratet ist,
2. wer die Vaterschaft anerkannt hat oder
3. wessen Vaterschaft nach § 1600d oder § 182 Abs. 1 des Gesetzes über das Verfahren in Familiensachen und in den Angelegenheiten der freiwilligen Gerichtsbarkeit gerichtlich festgestellt ist.

Vaterschaft Siehe →*Vater.*

Vaterschaftsanerkennung Erklärung eines Mannes, der nicht gemäß § 1592 Nr. 1 BGB →*Vater* ist, →*Vater* eines Kindes zu sein. Bedarf der Zustimmung der →*Mutter*, wenn der →*Mutter* insoweit die elterliche Sorge (→*Sorge, elterliche*) nicht zusteht auch der Zustimmung des Kindes, vgl. §§ 1592 Nr. 2, 1594, 1595 BGB.
Andere Bezeichnung: →*Anerkennung der Vaterschaft.*

venire contra factum proprium (lat.) Zuwiderhandlung gegen das eigene frühere Verhalten.
Bezeichnet einen Fall des Verstoßes gegen →*Treu und Glauben*, § 242 BGB. Eine Partei kann danach ein Recht nicht geltend machen, wenn seine Ausübung im Gegensatz zu ihrem vorangegangen Verhalten steht.

Veräußerungsverbot Auf →*Gesetz*, gerichtlicher bzw. behördlicher Anordnung beruhendes Verbot über einen →*Gegenstand* zu verfügen, vgl. §§ 135, 136 BGB.

Veräußerungsverbot, absolutes →*Veräußerungsverbot*, das gegenüber jedermann wirkt.

Veräußerungsverbot, relatives → *Veräußerungsverbot*, das bewirkt, dass eine →*Verfügung* nur im Verhältnis zu einem bestimmten geschützten Personenkreis unwirksam, im Übrigen aber wirksam ist.

Verbindlichkeit Bezeichnung für die Verpflichtung des →*Schuldners* gegenüber dem →*Gläubiger.*

Verbindlichkeit, natürliche Siehe →*Naturalobligation.*

Verbindlichkeit, unvollkommene Siehe →*Naturalobligation.*

Verbot, gesetzliches Gesetzliche Bestimmung, die eine rechtsgeschäftliche Regelung wegen ihres Inhalts oder der Umstände ihres Zustandekommens untersagt, vgl. § 134 BGB.

Verbotsgesetz Siehe →*Verbot, gesetzliches.*

Verbraucher Jede natürliche →*Person* (→*Person, natürliche*), die ein →*Rechtsgeschäft* zu Zwecken abschließt, die überwiegend weder ihrer gewerblichen noch ihrer selbständigen beruflichen Tätigkeit zugerechnet werden können, vgl. § 13 BGB.

Verbraucherdarlehensvertrag Entgeltlicher →*Darlehensvertrag* zwischen einem →*Unternehmer* als Darlehensgeber und einem →*Verbraucher* als Darlehensnehmer, vgl. § 491 BGB.
Siehe →*Allgemein-Verbraucherdarlehensvertrag;* →*Immobiliar-Verbraucherdarlehensvertrag.*

Verbrauchervertrag →*Vertrag,* der zwischen einem →*Verbraucher* i. S. d. § 13 BGB und einem →*Unternehmer* i. S. d. § 14 BGB geschlossen wird, vgl. § 310 Abs. 3 BGB.

Verbrauchsgüterkauf →*Vertrag,* durch den ein →*Verbraucher* von einem →*Unternehmer* eine bewegliche →*Sache* (→*Sache, bewegliche*) kauft. Um einen Verbrauchsgüterkauf handelt es sich auch bei einem →*Vertrag,* der neben dem Verkauf einer beweglichen →*Sache* (→*Sache, bewegliche*) die Erbringung einer Dienstleistung durch den →*Unternehmer* zum Gegenstand hat, vgl. § 474 Abs. 1 BGB.

Verein Ein auf Dauer angelegter Zusammenschluss mehrerer →*Personen* zur Verwirklichung eines gemeinsamen Zwecks mit körperschaftlicher Verfassung (→*Vorstand* und Mitgliederversammlung als Organe), der einen Gesamtnamen führt, nach außen

	als Einheit auftritt und in seinem Bestand vom Mitgliederwechsel unabhängig ist, vgl. §§ 21 ff. BGB.
Verein, eingetragener	→*Verein*, der keine wirtschaftlichen Zwecke verfolgt und seine →*Rechtsfähigkeit* durch →*Eintragung* in das Vereinsregister des zuständigen Amtsgerichts erlangt, vgl. § 21 BGB.
Verein, nicht-wirtschaftlicher	→*Verein*, dessen Zweck nicht auf einen wirtschaftlichen Geschäftsbetrieb gerichtet ist, vgl. § 21 BGB. Andere Bezeichnung: →*Idealverein*.
Verein, Sitz des	Wenn nicht ein anderes bestimmt ist, der Ort, an welchem die Verwaltung geführt wird, vgl. § 24 BGB.
Verein, Verfassung eines	Rechtliche Grundordnung des →*Vereins*, die die für das Vereinsleben wesentlichen Bestimmungen (insbesondere Zweck, →*Name*, Sitz, Erwerb und Verlust der Mitgliedschaft) enthält.
Verein, wirtschaftlicher	→*Verein*, dessen Zweck auf einen wirtschaftlichen Geschäftsbetrieb gerichtet ist, vgl. § 22 BGB.
Vereinsregister	Bei den Amtsgerichten geführtes öffentliches Register, in das nicht-wirtschaftliche →*Vereine* (→*Verein, nicht-wirtschaftlicher*) eingetragen werden können. Durch die →*Eintragung* erlangen sie →*Rechtsfähigkeit* (→*Verein, eingetragener*), vgl. §§ 21, 55 ff. BGB.
Vereinssitz	Siehe →Verein, Sitz des
Verfallfrist	Siehe →*Ausschlussfrist*.
Verfallpfand	Siehe →*Verfallvereinbarung*.
Verfallvereinbarung	Vereinbarung, nach welcher dem Pfandgläubiger, falls er nicht oder nicht rechtzeitig befriedigt wird, das →*Eigentum* an der →*Sache* zufallen oder übertragen werden soll, vgl. § 1229 BGB.
Verfügung	Siehe →*Verfügungsgeschäft*.
Verfügung eines Nichtberechtigten	→*Verfügung* über ein Recht, das dem Handelnden nicht zusteht. Eine solche →*Handlung* ist grundsätzlich unwirksam.

Verfügung von Todes wegen Anordnung, die eine natürliche →*Person* (→*Person, natürliche*) für den Fall ihres →*Tod*es trifft. Oberbegriff für →*Testament* und →*Erbvertrag.*

Verfügung, letztwillige Siehe →*Testament.*

Verfügungen, wechselbezügliche In einem gemeinschaftlichen →*Testament* (→*Testament, gemeinschaftliches*) getroffene Verfügungen, von denen anzunehmen ist, dass die Verfügung des einen nicht ohne die Verfügung des anderen getroffen sein würde, vgl. § 2270 Abs. 1 BGB.

Verfügungsbefugnis Rechtsmacht, über einen bestimmten →*Gegenstand* eine wirksame →*Verfügung* zu treffen.
Andere Bezeichnung: →*Verfügungsmacht.*

Verfügungsermächtigung Liegt vor, wenn der Berechtigte einen nichtberechtigten Dritten dazu ermächtigt, im eigenen Namen eine wirksame →*Verfügung* über einen →*Gegenstand* zu treffen, vgl. § 185 BGB.

Verfügungsgeschäft →*Rechtsgeschäft*, durch das ein Recht unmittelbar übertragen, belastet, inhaltlich geändert oder aufgehoben wird.

Verfügungsmacht Siehe →*Verfügungsbefugnis.*

Vergleich →*Vertrag*, durch den der Streit oder die Ungewißheit der Parteien über ein →*Rechtsverhältnis* im Wege gegenseitigen Nachgebens beseitigt wird, vgl. § 779 Abs. 1 BGB.

Vergütungsgefahr Siehe →*Preisgefahr.*

Verhalten, konkludentes Siehe →*Verhalten, schlüssiges.*

Verhalten, schlüssiges Der Wille des Erklärenden wird nicht unmittelbar ausgedrückt, sondern ergibt sich aus seinem Verhalten.

Verhandlungsgehilfe →*Person*, die Vertragsverhandlungen führt oder fördert, ohne zum →*Vertragsschluss* berechtigt zu sein. Sie ist kein →*Vertreter* i. S. d. §§ 164 ff. BGB.

Verjährung Durch zeitlichen Ablauf eintretender Verlust der Durchsetzbarkeit eines →*Anspruch*s. Ein verjährter →*Anspruch* besteht weiterhin, er ist bei Geltendmachung der Verjährung aber nicht mehr durchsetzbar (→*Einrede*).

Verjährung, Hemmung der Unterbrechung der Verjährungszeit. Der Zeitraum, während dessen die →*Verjährung* gehemmt ist, wird in die →*Verjährungsfrist* nicht eingerechnet, vgl. § 209 BGB.

Verjährungsfrist Zeitraum, nach dessen Ablauf die →*Verjährung* eintritt.

Verjährungsfrist, regelmäßige →*Verjährungsfrist*, die immer dann gilt, wenn durch →*Gesetz* oder →*Rechtsgeschäft* keine kürzere oder längere →*Verjährungsfrist* bestimmt ist. Sie beträgt drei Jahre, vgl. § 195 BGB.

Verkehrsanschauung Siehe →*Verkehrsauffassung*.

Verkehrsauffassung Anschauung der beteiligten Verkehrskreise oder der überwiegenden Mehrheit der Allgemeinheit. Andere Bezeichnung: →*Verkehrsanschauung*.

Verkehrssicherungspflicht Pflicht zur Sicherung von Gefahrenquellen.

Verkehrssitte Verhaltensweise, die sich im Rechtsleben als eine allgemeine oder in bestimmten Kreisen (z. B. bei Kaufleuten) als tatsächliche Gepflogenheit herausgebildet hat.

Verkehrswert Betrag, der im Geschäftsverkehr bei Veräußerung eines →*Gegenstand*s an einem bestimmten Stichtag zu erzielen wäre.

Verlautbarungsirrtum →*Inhaltsirrtum*, bei dem sich der Erklärende über den objektiven Sinn seiner Erklärung irrt. Andere Bezeichnung: →*Bedeutungsirrtum*.

Verletzung der Gesundheit Siehe →*Gesundheitsverletzung*.

Verletzung des Eigentums Siehe →*Eigentumsverletzung*.

Verletzung des Körpers Siehe →*Körperverletzung*.

Verletzungsschaden Siehe →*Schaden, unmittelbarer*.

Verlöbnis → *Vertrag*, durch den sich zwei natürliche → *Personen* (→ *Person, natürliche*) versprechen, die → *Ehe* miteinander einzugehen, sowie das dadurch begründete Gemeinschaftsverhältnis, vgl. §§ 1297 ff. BGB.

Verlobung Siehe → *Verlöbnis*.

Vermächtnis → *Zuwendung* eines Vermögensvorteils durch eine → *Verfügung von Todes wegen* an einen Begünstigten, ohne dass dieser → *Erbe* wird, vgl. § 1939 BGB.

Vermächtnis, gemeinschaftliches → *Vermächtnis*, bei dem derselbe → *Gegenstand* mehreren → *Vermächtnisnehmern* zugewandt wird, vgl. § 2157 BGB.

Vermächtnisnehmer Der durch ein → *Vermächtnis* Begünstigte.

Vermächtnisunwürdigkeit Liegt vor, wenn sich ein → *Vermächtnisnehmer* einer der in § 2339 Abs. 1 BGB bezeichneten Verfehlungen schuldig gemacht hat, vgl. § 2345 Abs. 1 BGB.

Vermieterpfandrecht Gesetzliches → *Pfandrecht* (→ *Pfandrecht, gesetzliches*) des Vermieters an den vom Mieter eingebrachten → *Sachen* zur Sicherung seiner → *Forderungen* aus dem → *Mietverhältnis*, vgl. § 562 Abs. 1 BGB.

Vermögensschaden Liegt vor, wenn das in Geld messbare Vermögen des Geschädigten nach dem schädigenden Ereignis geringer ist als davor.

Vermögenssorge Sorge für das Vermögen des Kindes. Teil der elterlichen Sorge (→ *Sorge, elterliche*), vgl. § 1626 Abs. 1 S. 2 BGB.

Vermutung, gesetzliche Durch eine gesetzliche Regelung wird bei Vorliegen bestimmter Gegebenheiten ein bestimmter Sachverhalt oder eine Rechtstatsache vermutet.

Vernehmungstheorie, eingeschränkte Danach gilt eine → *Willenserklärung* dann als zugegangen (→ *Willenserklärung, Zugang einer*), wenn der Erklärende damit rechnen konnte und durfte, dass der Empfänger sie richtig und vollständig verstanden hat.

Verpflichtungsgeschäft →*Rechtsgeschäft*, durch das die Verpflichtung zu einer →*Leistung* begründet wird.

Verrichtungsgehilfe (§ 831 BGB) Wer mit Wissen und Wollen des →*Schuldner*s in dessen Pflichtenkreis tätig und von ihm weisungsabhängig ist.

Verschaffungsvermächtnis →*Vermächtnis* eines →*Gegenstands*, der zur Zeit des →*Erbfall*s nicht zur →*Erbschaft* gehört, vgl. § 2170 Abs. 1 BGB.

Verschulden Subjektive Vorwerfbarkeit eines objektiv pflichtwidrigen Verhaltens. Verschuldensgrade sind →*Vorsatz* und →*Fahrlässigkeit.*

Verschulden bei Vertragsverhandlungen Verletzung von Pflichten aus einem durch die Aufnahme von Vertragsverhandlungen, die Anbahnung eines →*Vertrag*s oder ähnliche geschäftliche Kontakte begründeten →*Schuldverhältnis.*
(lat.) →*culpa in contrahendo.*

Verschulden, mitwirkendes Siehe →*Mitverschulden.*

Verschuldenshaftung →*Haftung*, die (anders als die →*Gefährdungshaftung*) ein schuldhaftes, also ein vorsätzliches (→*Vorsatz*) oder fahrlässiges (→*Fahrlässigkeit*) Verhalten voraussetzt.

Versendungskauf →*Kauf*, bei dem der Verkäufer auf Verlangen des Käufers die verkaufte →*Sache* nach einem anderen Ort als dem →*Erfüllungsort* versendet, vgl. § 447 Abs. 1 BGB.

Versorgungsausgleich Ausgleich von im In- oder Ausland bestehenden Anrechten, insbesondere aus der gesetzlichen Rentenversicherung, aus anderen Regelsicherungssystemen wie der Beamtenversorgung oder der berufsständischen Versorgung, aus der betrieblichen Altersversorgung oder aus der privaten Alters- und Invaliditätsvorsorge zwischen zwei Ehegatten im Fall der →*Ehescheidung*, vgl. § 1587 BGB.

Versteigerung Besonderes, in der Regel öffentliches Verfahren, das auf Abschluss eines →*Vertrag*s zum höchstmöglichen Preis gerichtet ist.
Andere Bezeichnung: →*Auktion.*

Verteidigungsnotstand Siehe →*Notstand, defensiver.*

Vertrag →*Rechtsgeschäft*, das durch mindestens zwei korrespondierende →*Willenserklärung*en der Beteiligten (→*Antrag* und →*Annahme*) zustande kommt.

Vertrag mit Schutzwirkung zugunsten Dritter Liegt vor, wenn ein Dritter in die Schutzwirkung eines zwischen →*Gläubiger* und →*Schuldner* bestehenden →*Schuldverhältnis*ses derart einbezogen wird, dass ihm der →*Schuldner* zum →*Schadensersatz* verpflichtet sein kann, ihm aber kein →*Anspruch* auf die Hauptleistungspflicht zusteht.

Vertrag zu Lasten Dritter Vereinbarung, durch die für einen nicht beteiligten Dritten eine Verpflichtung oder ein rechtlicher Nachteil begründet werden soll. Eine solche Vereinbarung ist (zumindest) im Verhältnis zum Dritten unwirksam.

Vertrag zugunsten Dritter →*Vertrag*, bei dem der →*Schuldner* (Versprechender) die →*Leistung* nicht an den →*Gläubiger* (Versprechensempfänger), sondern an einen Dritten zu erbringen hat, vgl. § 328 BGB.
Siehe auch →*Vertrag zugunsten Dritter, echter*; →*Vertrag zugunsten Dritter, unechter.*

Vertrag zugunsten Dritter auf den Todesfall →*Vertrag zugunsten Dritter* bei dem der Dritte den →*Anspruch* erst mit dem →*Tod* des Versprechensempfängers erwerben soll, vgl. § 331 BGB.

Vertrag zugunsten Dritter, echter →*Vertrag zugunsten Dritter*, durch den der Dritte ein eigenes Forderungsrecht gegen den Versprechenden erwirbt.

Vertrag zugunsten Dritter, unechter →*Vertrag zugunsten Dritter*, durch den der Versprechende zur →*Leistung* an den Dritten verpflichtet wird, der Dritte jedoch kein eigenes Forderungsrecht gegen den Versprechenden erwirbt.

Vertrag, aleatorischer →*Vertrag*, dessen Wirksamkeit oder →*Erfüllung* von einem ungewissen Ereignis oder vom →*Zufall* abhängt.

Vertrag, atypischer Zumeist die Bezeichnung für im →*Gesetz* nicht speziell geregelte Vertragstypen.
Zum Teil werden nur solche Verträge (→*Vertrag*) als atypisch bezeichnet, die weder einem gesetzlichen

Vertragstyp noch einem verkehrstypischen →*Vertrag* (→*Vertrag, verkehrstypischer*) zugeordnet werden können.

Vertrag, einseitig verpflichtender →*Vertrag,* durch den nur für eine Vertragspartei eine Verpflichtung begründet wird (z. B. →*Schenkungsvertrag,* →*Bürgschaftsvertrag*).

Vertrag, gegenseitiger →*Vertrag,* durch den für beide Parteien Verpflichtungen entstehen, die im Gegenseitigkeitsverhältnis zueinander stehen. Jede Partei verpflichtet sich, weil und damit sich auch die andere Partei verpflichtet (z. B. →*Kaufvertrag,* →*Werkvertrag*). Andere Bezeichnungen: →*Austauschvertrag,* →*Vertrag, synallagmatischer.*

Vertrag, synallagmatischer Siehe →*Vertrag, gegenseitiger.*

Vertrag, unvollkommen zweiseitig verpflichtender →*Vertrag,* durch den für beide Vertragsparteien Verpflichtungen begründet werden oder (nur) begründet werden können, die jedoch anders als bei einem gegenseitigen →*Vertrag* (→*Vertrag, gegenseitiger*) nicht in einem synallagmatischen Verhältnis zueinander stehen (z. B. →*Auftragsvertrag*).

Vertrag, verkehrstypischer Gesetzlich nicht normierter Vertragstyp, der sich im Wirtschafts- und Rechtsverkehr aufgrund eines entsprechenden Verkehrsbedürfnisses als selbständiger Vertragstyp herausgebildet hat (z. B. →*Leasingvertrag*).

Vertrag, zusammengesetzter Liegt vor, wenn mehrere Verträge (→*Vertrag*) nach dem Parteiwillen derart zu einem „Gesamtvertrag" zusammengefasst sind, dass sie für die rechtliche Beurteilung eine Einheit bilden. Anzunehmen, wenn nach dem Parteiwillen die einzelnen Verträge (→*Vertrag*) miteinander „stehen und fallen" sollen.

Vertragsangebot Siehe →*Angebot.*

Vertragsauslegung Siehe →*Auslegung eines Vertrags.*

Vertragsauslegung, ergänzende Bei einer planwidrigen Unvollständigkeit der Bestimmungen eines →*Rechtsgeschäfts,* die nicht durch Heranziehung dispositiven Rechts (→*Recht,* *dispositives*) geschlossen werden kann, ist die Regelungslücke nach dem hypothetischen Parteiwillen zu schließen.

Vertragserbe →*Person*, die aufgrund eines →*Erbvertrags* →*Erbe* wird.

Vertragsfreiheit Freiheit des Einzelnen, seine privaten Verhältnisse durch Verträge (→*Vertrag*) zu gestalten. Ausprägung der →*Privatautonomie.*

Vertragsschluss Zustandekommen / Abschluss eines →*Vertrag*s.

Vertragsstrafe →*Leistung* (i. d. R., aber nicht zwingend die Zahlung einer Geldsumme), die der →*Schuldner* dem →*Gläubiger* für den Fall verspricht, dass er seine →*Verbindlichkeit* nicht oder in nicht gehöriger Weise erfüllt, vgl. §§ 339, 342 BGB.
Andere Bezeichnungen: →*Konventionalstrafe,* →*Konventionsstrafe.*

Vertragsübernahme →*Rechtsgeschäft*, durch das die gesamte Rechtsstellung des bisherigen →*Schuldner*s oder des bisherigen →*Gläubiger*s aus einem →*Schuldverhältnis* auf einen Dritten übertragen wird.

Vertragsverletzung Verletzung vertraglicher (→*Vertrag*) Pflichten.

Vertrauensinteresse, Ersatz des Der →*Gläubiger* ist so zu stellen, wie er stehen würde, wenn er nicht auf die Gültigkeit des →*Rechtsgeschäft*s vertraut hätte.
Andere Bezeichnung: →*Interesse, negatives.*

Vertrauensschaden →*Schaden*, der dem Verletzten dadurch entstanden ist, dass er auf die Gültigkeit des →*Rechtsgeschäft*s vertraut hat.

Vertreter Jemand, dem die Befugnis zum Handeln für Dritte durch gesetzliche Vorschrift (→*Vertreter, gesetzlicher*) oder durch →*Rechtsgeschäft* (→*Vertreter, gewillkürter*) verliehen wurde.

Vertreter im Wissen Siehe →*Wissensvertreter.*

Vertreter ohne Vertretungsmacht Jemand, der im Namen eines anderes rechtsgeschäftlich handelt, ohne dass ihm eine →*Vollmacht* erteilt wurde und ohne dass eine gesetzliche →*Vertretungsmacht* (→*Vertretungsmacht, gesetzliche*)

vorliegt, oder jemand, der eine bestehende →*Vertretungsmacht* überschreitet.
Die Wirksamkeit des →*Vertrag*s für und gegen den Vertretenen hängt dann von dessen →*Genehmigung* ab, vgl. § 177 Abs. 1 BGB.
Andere Bezeichnung: →*falsus procurator.*

Vertreter, gesetzlicher →*Vertreter,* dessen →*Vertretungsmacht* sich aus dem →*Gesetz* ergibt.

Vertreter, gewillkürter →*Vertreter,* dem die Befugnis zum Handeln für einen Dritten durch →*Rechtsgeschäft* erteilt wurde.

Vertretung Rechtsgeschäftliches Handeln einer →*Person* (→*Vertreter*) im Namen eines Dritten mit →*Vertretungsmacht.*
Andere Bezeichnung: →*Stellvertretung.*

Vertretung, aktive Liegt vor, wenn jemand als →*Vertreter* eine →*Willenserklärung* im Namen eines Dritten abgibt, vgl. § 164 Abs. 1 BGB.
Andere Bezeichnung: →*Stellvertretung, aktive.*

Vertretung, mittelbare Siehe →*Vertretung, unechte.*

Vertretung, passive Liegt vor, wenn jemand als →*Vertreter* eine empfangsbedürftige →*Willenserklärung* (→*Willenserklärung, empfangsbedürftige*) für einen anderen entgegennimmt.
Andere Bezeichnung: →*Stellvertretung, passive.*
Siehe auch →*Empfangsvertreter.*

Vertretung, unechte Liegt vor, wenn jemand ein →*Rechtsgeschäft* im eigenen Namen, aber im Interesse und für Rechnung eines anderen abschließt. Keine →*Vertretung* im Sinne der §§ 164 ff. BGB, der Handelnde wird selbst verpflichtet.
Andere Bezeichnungen: →*Stellvertretung, mittelbare*; →*Stellvertretung, verdeckte;* →*Stellvertretung, unechte*; →*Vertretung, mittelbare*; →*Vertretung, verdeckte.*

Vertretung, verdeckte Siehe →*Vertretung, unechte.*

Vertretungsmacht Befugnis zum rechtsgeschäftlichen Handeln im Namen eines anderen mit Wirkung für und gegen

	diesen. Kann auf →*Gesetz* (→*Vertretungsmacht, gesetzliche*) oder →*Vollmacht* beruhen.
Vertretungsmacht, gesetzliche	→*Vertretungsmacht,* die sich unmittelbar aus dem →*Gesetz* ableitet, z. B. die Vertretungsmacht der →*Eltern* für Ihre Kinder, vgl. § 1629 BGB.
Vertretungsmacht, Missbrauch der	Fälle, in denen der →*Vertreter* nach außen →*Vertretungsmacht* hat, aber im Innenverhältnis seine Pflichten verletzt.
Vertretungsmacht, rechtsgeschäftliche	Siehe →*Vollmacht.*
Verwahrungsvertrag	→*Vertrag* durch den sich eine Partei (Verwahrer) verpflichtet, eine ihr von der anderen Partei (Hinterleger) übergebene bewegliche →*Sache* (→*Sache, bewegliche*) aufzubewahren, vgl. § 688 BGB. Die Verwahrung kann entgeltlich oder unentgeltlich erfolgen, vgl. §§ 689, 690 BGB.
Verwandtenunterhalt	Unterhaltsverpflichtung, die sich aus dem Verwandtschaftsverhältnis ableitet. Besteht nur gegenüber Verwandten in gerade Linie (→*Verwandtschaft in gerader Linie*), vgl. § 1601 BGB.
Verwandtschaft	Die auf →*Abstammung* beruhende Beziehung von natürlichen →*Person*en (→*Person, natürliche*) zueinander (Blutsverwandtschaft). Das BGB (→*Bürgerliches Gesetzbuch*) unterscheidet zwischen →*Verwandtschaft in gerader Linie* und →*Verwandtschaft in der Seitenlinie.*
Verwandtschaft in der Seitenlinie	Liegt bei natürlichen →*Person*en (→*Person, natürliche*) vor, die nicht in gerader Linie verwandt (→*Verwandtschaft in gerader Linie*) sind, aber von derselben dritten →*Person* abstammen, vgl. § 1589 Abs. 1 S. 2 BGB.
Verwandtschaft in gerader Linie	Liegt bei natürlichen →*Person*en (→*Person, natürliche*) vor, deren eine von der anderen abstammt (z. B. Großeltern, →*Eltern*, Kinder, Enkelkinder), vgl. § 1589 Abs. 1 S. 1 BGB
Verwandtschaft, Grad der	Bestimmt sich nach der Zahl der die →*Verwandtschaft* vermittelnden Geburten, vgl. § 1589 Abs. 1 S. 3 BGB.

Verwendung →*Aufwendung*, die eine →*Sache* wiederherstellt, erhält oder verbessert.

Verwendung, notwendige →*Aufwendung*, die aus objektiver Sicht zur Erhaltung oder ordnungsgemäßen Bewirtschaftung einer →*Sache* erforderlich ist.

Verwendung, nützliche →*Aufwendung*, die den Wert der →*Sache* objektiv erhöht.

Verwendungskondiktion →*Nichtleistungskondiktion*, bei der die →*Bereicherung* durch eine →*Verwendung* auf eine →*Sache* durch einen anderen als den →*Eigentümer* ohne →*Rechtsgrund* entstanden ist.

Verwirkung Aus § 242 BGB abgeleitete →*Einwendung* gegen einen noch nicht verjährten (→*Verjährung*) →*Anspruch* bei dessen verspäteter Geltendmachung. Ein Recht ist verwirkt, wenn seit der Möglichkeit der Geltendmachung ein längerer Zeitraum verstrichen ist (sog. Zeitmoment) und besondere Umstände hinzutreten, die die verspätete Geltendmachung als Verstoß gegen Treu und Glauben erscheinen lassen (sog. Umstandsmoment).

Verwirkungsklausel Vertragliche Regelung, nach der der →*Schuldner* alle seiner Rechte aus dem →*Vertrag* verliert, wenn er seine Verpflichtung nicht erfüllt, vgl. § 354 BGB.

Verzicht Einseitige Aufgabe eines Rechts.

Verzug Rechtswidrige Verzögerung einer vereinbarten →*Leistung*.
Siehe auch →*Schuldnerverzug*; →*Gläubigerverzug*.

Verzugszinsen Die während des →*Schuldnerverzugs* vom →*Schuldner* zu entrichtende Verzinsung einer →*Geldschuld*, vgl. § 288 Abs. 1 S. 1 BGB.

Verzugszinssatz Beträgt gemäß § 288 Abs. 1 S. 2 BGB für das Jahr fünf Prozentpunkte über dem →*Basiszinssatz*. Bei →*Rechtsgeschäften*, an denen ein →*Verbraucher* nicht beteiligt ist, beträgt der Zinssatz für Entgeltforderungen gemäß § 288 Abs. 2 BGB neun Prozentpunkte über dem →*Basiszinssatz*.

Vindikation Siehe →*Eigentumsherausgabeanspruch*.

vis absoluta (lat.) unüberwindbare Gewalt.
Liegt vor, wenn jemand durch unmittelbare Gewaltanwendung zu einem bestimmten Verhalten gezwungen wird.

vis compulsiva (lat.) drängende Gewalt.
Liegt vor, wenn jemand durch →*Drohung* oder Nötigung zu einem bestimmten Verhalten gebracht wird.

volenti non fit iniuria (lat.) dem Wollenden geschieht kein Unrecht.
Siehe →*Einwilligung*.

Vollendung der Geburt Siehe →*Geburt, Vollendung der*.

Volljährigkeit Alter einer natürlichen →*Person* (→*Person, natürliche*), mit dem die unbeschränkte →*Geschäftsfähigkeit* beginnt.

Volljährigkeit, Eintritt der Mit Vollendung des 18. Lebensjahres, § 2 BGB.

Vollmacht Durch →*Rechtsgeschäft* erteilte →*Vertretungsmacht*, vgl. § 166 Abs. 2 S. 1 BGB.
Andere Bezeichnung: →*Vertretungsmacht, rechtsgeschäftliche*.

Vollmacht auf den Todesfall Siehe →*Vollmacht, postmortale*.

Vollmacht über den Tod hinaus Siehe →*Vollmacht, transmortale*.

Vollmacht, Erteilung der Kann auf drei Arten erfolgen: als →*Innenvollmacht*, als →*Außenvollmacht* oder durch öffentliche Bekanntmachung.

Vollmacht, postmortale →*Vollmacht*, die erst mit dem →*Tod* des Vollmachtgebers wirksam wird.
Andere Bezeichnung: →*Vollmacht auf den Todesfall*.

Vollmacht, transmortale →Vollmacht, die zu Lebzeiten des Vollmachtgebers und nach seinem →*Tod* wirken soll.
Andere Bezeichnung: →*Vollmacht über den Tod hinaus*.

Vollmachtsurkunde Unterzeichnetes Schriftstück, aus dem sich der Vertretene, der →*Vertreter* und der Umfang der →*Vertretung* entnehmen lassen.

Voraus des Ehegatten →*Anspruch* des überlebenden Ehegatten auf die zum ehelichen Haushalt gehörenden Gegenstände (→*Haushaltsgegenstand*), soweit sie nicht →*Zubehör* eines →*Grundstücks* sind, und die Hochzeitsgeschenke, vgl. § 1932 BGB.

Vorausabtretung →*Abtretung* einer künftigen →*Forderung*.

Vorausempfang →*Zuwendung*, die ein Ehegatte einem anderen mit der Bestimmung macht, dass sie auf die Ausgleichsforderung angerechnet werden soll, vgl. § 1380 Abs. 1 BGB.

Vorausvermächtnis Ein dem →*Erben* zusätzlich zu seinem →*Erbteil* zugewendetes →*Vermächtnis*, vgl. § 2150 BGB. Andere Bezeichnung →*Prälegat*.

Vorbehalt, geheimer Liegt vor, wenn sich der Erklärende bei einer →*Willenserklärung* insgeheim vorbehält, das Erklärte nicht zu wollen, vgl. § 116 BGB.
Andere Bezeichnungen: →*Mentalreservation*; →*Vorbehalt, mentaler*.

Vorbehalt, mentaler Siehe →*Vorbehalt, geheimer*.

Vorbehaltsgut Im →*Güterstand* der →*Gütergemeinschaft* die Gegenstände (→*Gegenstand*), die durch →*Ehevertrag* zum Vorbehaltsgut eines Ehegatten erklärt sind, die ein Ehegatte von Todes wegen erwirbt oder die ihm von einem Dritten unentgeltlich zugewendet werden, wenn der →*Erblasser* durch letztwillige Verfügung (→*Verfügung, letztwillige*), der Dritte bei der →*Zuwendung* bestimmt hat, dass der Erwerb Vorbehaltsgut sein soll, die ein Ehegatte auf Grund eines zu seinem Vorbehaltsgut gehörenden Rechts oder als Ersatz für die Zerstörung, Beschädigung oder Entziehung eines zum Vorbehaltsgut gehörenden →*Gegenstands* oder durch ein →*Rechtsgeschäft* erwirbt, das sich auf das Vorbehaltsgut bezieht, vgl. § 1418 Abs. 1 BGB.

Vorbürge
→*Bürge* für dessen Bürgschaftsverpflichtung sich der →*Nachbürge* bei einer →*Nachbürgschaft* verbürgt.

Vorerbe
→*Erbe*, der nur bis zu einem bestimmten Zeitpunkt (→*Nacherbfall*) zum →*Erben* berufen ist. Nach diesem Zeitpunkt wird der →*Nacherbe* →*Erbe*.

Vorerbe, befreiter
→*Vorerbe*, der vom →*Erblasse*r von den in § 2136 BGB aufgeführten gesetzlichen Beschränkungen und Verpflichtungen befreit wurde.

Vorkaufsrecht, dingliches
Dingliche Belastung eines →*Grundstück*s in der Weise, dass derjenige, zu dessen Gunsten die Belastung erfolgt, dem →*Eigentümer* gegenüber zum Vorkauf berechtigt ist, § 1094 Abs. 1 BGB.

Vorkaufsrecht, schuldrechtliches
Durch →*Vertrag* begründetes Recht einer →*Person* (Vorkaufsberechtigter), in einen zwischen dem Vorkaufsverpflichteten und einem Dritten geschlossenen →*Kaufvertrag* über einen bestimmten →*Gegenstand* anstelle des Käufers einzutreten, vgl. § 463 BGB.

Vorleistungspflicht
Verpflichtung, eine →*Leistung* zeitlich vor der →*Gegenleistung* zu erbringen.

Vormerkung
Vorläufige Grundbucheintragung zur Sicherung eines →*Anspruch*s auf Einräumung, Aufhebung oder inhaltliche Änderung eines Rechts an einem →*Grundstück*, vgl. § 883 BGB.

Vormundschaft
Vom Familiengericht von Amts wegen anzuordnende Fürsorge für die Person und das Vermögen eines Minderjährigen (→*Minderjähriger*), der nicht unter der elterlichen Sorge (→*Sorge, elterliche*) steht, oder wenn die →*Eltern* weder in den die →*Person* noch in den das Vermögen betreffenden Angelegenheiten zur →*Vertretung* des Minderjährigen berechtigt sind, oder sein Familienstand nicht zu ermitteln ist, vgl. §§ 1773 ff. BGB.

Vorratsschuld
Siehe →*Gattungsschuld, beschränkte*.

Vorsatz
Wissentliches und willentliches Herbeiführen des rechtswidrigen Erfolgs im Bewusstsein der →*Rechtswidrigkeit*.

Vorschriften, deskriptive

Gesetzliche Regelungen, die einen beschreibenden (=→*deskriptiv*en) Charakter haben. Sie legen zumeist ein gesetzliches Leitbild fest, z. B. § 269 BGB (→*Leistungsort*).

Vorstand

Ein in der Regel aus mehreren natürlichen →*Personen* (→*Person, natürliche*) bestehendes →*Organ* zur Geschäftsführung und →*Vertretung* eines →*Vereins*, einer →*Aktiengesellschaft* oder einer Genossenschaft.

Vorteilsanrechnung

Im Schadensrecht die Anrechnung der Vorteile, die der Geschädigte aus dem schädigenden Ereignis erlangt hat, auf den Schadensersatzanspruch.
Andere Bezeichnung: →*Vorteilsausgleichung.*

Vorteilsausgleichung

Siehe →*Vorteilsanrechnung.*

Vorvertrag

→*Vertrag*, der die Verpflichtung zum Abschluss eines (Haupt-)Vertrags begründet.

W

Wahlschuld

→*Schuldverhältnis*, bei dem mehrere verschiedene →*Leistung*en in der Weise geschuldet werden, dass nach späterer Wahl nur die eine oder die andere zu bewirken (→ *Leistung, Bewirken der*) ist. Das Wahlrecht steht im Zweifel dem →*Schuldner* zu, vgl. §§ 262 ff. BGB.
Andere Bezeichnung: →*obligatio alternativa.*

Wahlvermächtnis

Liegt vor, wenn der →*Erblasser* bestimmt hat, dass ein →*Vermächtnisnehmer* von mehreren Gegenständen (→*Gegenstand*) nur den einen oder den anderen als →*Vermächtnis* erhalten soll, vgl. § 2154 Abs. 1 S. 1 BGB.

Wegfall der Bereicherung

Siehe →*Entreicherung.*

Wegfall der Geschäftsgrundlage

Nachträgliche Änderung der Umstände, die zur Grundlage des →*Vertrag*s geworden sind, die so schwerwiegend sind, dass die Parteien den →*Vertrag* nicht oder mit anderem Inhalt geschlossen hätten, wenn sie die Änderung der Umstände vorausgesehen hätten, vgl. § 313 Abs. 1 BGB.

Werklohn →*Entgelt* des →*Unternehmers* bei einem →*Werkvertrag.*

Werkunternehmer Siehe →*Unternehmer.*

Werkunternehmerpfandrecht Siehe →*Unternehmerpfandrecht.*

Werkvertrag →*Vertrag,* durch den der →*Unternehmer* zur Herstellung des versprochenen Werkes, der →*Besteller* zur Entrichtung der vereinbarten Vergütung verpflichtet wird, § 631 Abs. 1 BGB. Gegenstand des Werkvertrags kann sowohl die Herstellung oder Veränderung einer →*Sache* als auch ein anderer durch Arbeit oder Dienstleistung herbeizuführender Erfolg sein, § 631 Abs. 2 BGB.

Wertpapier →*Urkunde,* in der ein privates Recht dergestalt verbrieft ist, dass zur Geltendmachung deren Innehabung erforderlich ist.

Werturteil Aussage, die durch das Element der Stellungnahme, des Dafürhaltens, der Beurteilung geprägt ist.
Andere Bezeichnung: →*Meinung.*

Wette Siehe →*Wettvertrag.*

Wettvertrag →*Vertrag,* bei dem sich die Vertragspartner zur Bekräftigung widerstreitender →*Behauptungen* versprechen, dass demjenigen, dessen →*Behauptung* sich als zutreffend erweist, ein Gewinn zufallen soll. Durch eine Wette wird keine →*Verbindlichkeit* begründet, vgl. § 762 Abs. 1 S. 1 BGB.

Widerruf einer Willenserklärung Siehe →*Willenserklärung, Widerruf einer.*

Widerrufsrecht Gibt einem Vertragspartner die Möglichkeit, sich von einem bereits geschlossenen →*Vertrag* zu lösen. Ausnahme vom Grundsatz →*pacta sunt servanda* (Verträge sind zu halten).

Wiederbeschaffungswert Der Betrag, der bei Beschädigung einer →*Sache* für einen gleichwertigen Ersatzgegenstand aufgewandt werden muss.

Wiederkauf →*Kaufvertrag*, bei dem dem Verkäufer ein Wiederkaufsrecht am Kaufgegenstand eingeräumt wird, vgl. §§ 456 ff. BGB.

Willenserklärung Private Willensäußerung, gerichtet auf die Hervorbringung eines rechtlichen Erfolgs, der nach der Rechtsordnung deshalb eintritt, weil er gewollt ist. Sie setzt sich aus dem objektiven (äußeren) Tatbestand (→*Willenserklärung, objektiver Tatbestand einer)* und dem subjektiven (inneren) Tatbestand (→*Willenserklärung, subjektiver Tatbestand einer)* zusammen.

Willenserklärung, Abgabe einer Willentliche Entäußerung einer →*Willenserklärung* in den Rechtsverkehr.

Willenserklärung, abhandengekommene Eine ohne den Willen des Erklärenden in den Rechtsverkehr gelangte →*Willenserklärung*, die deshalb (nach h. M.) nicht wirksam abgegeben worden ist.

Willenserklärung, amtsempfangsbedürftige Willenserklärung, die gegenüber einer Behörde abzugeben ist, vgl. § 130 Abs. 3 BGB.

Willenserklärung, äußerer Tatbestand einer Siehe →*Willenserklärung, objektiver Tatbestand einer.*

Willenserklärung, empfangsbedürftige →*Willenserklärung*, die neben der Abgabe (→*Willenserklärung, Abgabe einer*) auch den Zugang (→*Willenserklärung, Zugang einer*) beim →*Erklärungsempfänger* erfordert, um wirksam zu werden.

Willenserklärung, innerer Tatbestand einer Siehe →*Willenserklärung, subjektiver Tatbestand einer.*

Willenserklärung, nicht empfangsbedürftige →*Willenserklärung*, die durch Abgabe (→*Willenserklärung, Abgabe einer*) wirksam wird, ohne, dass es eines Zugangs bedarf (→*Willenserklärung, Zugang einer*).

Willenserklärung, objektiver Tatbestand einer
Die nach außen gerichtete Erklärung des Willens. Liegt vor, wenn für einen objektiven →*Erklärungsempfänger* der Wille ersichtlich ist, einen bestimmten rechtlichen Erfolg herbeizuführen.
Andere Bezeichnung →*Willenserklärung, äußerer Tatbestand einer.*

Willenserklärung, subjektiver Tatbestand einer
Das mit einer Erklärung Gewollte. Der subjektive Tatbestand einer fehlerfreien →*Willenserklärung* setzt sich zusammen aus →*Handlungswille,* →*Erklärungsbewusstsein* und →*Geschäftswille.*
Andere Bezeichnung: →*Willenserklärung, innerer Tatbestand einer.*

Willenserklärung, Widerruf einer
Erfolgt durch empfangsbedürftige →*Willenserklärung* (→*Willenserklärung, empfangsbedürftige*), durch die dem →*Erklärungsempfänger* zu erkennen gegeben wird, dass eine bereits abgegebene →*Willenserklärung* nicht wirksam werden soll, vgl. § 130 Abs. 1 S. 2 BGB.

Willenserklärung, Zugang einer
Gegeben, wenn eine →*Willenserklärung* so in den Machtbereich des Empfängers gelangt ist, dass dieser unter normalen Verhältnissen die Möglichkeit zur Kenntnisnahme hat.

Willensmangel
Auseinanderfallen von Wille und Erklärungsinhalt bei →*Willenserklärung*en.

Wirkung, deklaratorische
Feststellung des Bestehens eines Rechts oder →*Rechtsverhältniss*es.

Wirkung, konstitutive
Rechtsbegründende Wirkung einer →*Handlung.*

Wissenserklärung
Mitteilung eines bestimmten Wissens.

Wissensvertreter
Jemand, der für einen anderen bei der Erledigung bestimmter Aufgaben mit eigener Entscheidungskompetenz auftritt, jedoch kein →*Vertreter* i. S. d. §§ 164 ff. BGB ist. Der Geschäftsherr muss sich das Wissen dieser →*Person* analog § 166 Abs. 1 BGB zurechnen lassen.
Andere Bezeichnung: →*Vertreter im Wissen.*

Wohl des Kindes
Siehe →*Kindeswohl.*

Wohnrecht
Siehe →*Wohnungsrecht.*

Wohnsitz
Räumlicher Schwerpunkt der gesamten Lebensverhältnisse einer natürlichen →*Person* (→*Person, natürliche*), vgl. §§ 7 ff. BGB.

Wohnsitz, Aufhebung des
Erfolgt durch Aufhebung der tatsächlichen Niederlassung verbunden mit dem Willen, den Schwerpunkt der Lebensverhältnisse nicht am bisherigen →*Wohnsitz* zu belassen, vgl. § 7 Abs. 3 BGB.

Wohnsitz, Begründung des
Erfolgt durch tatsächliche Niederlassung, verbunden mit dem Willen, den Niederlassungsort zum räumlichen Schwerpunkt der Lebensverhältnisse zu machen, vgl. § 7 Abs. 1 BGB.

Wohnungsrecht
Form der beschränkten persönlichen →*Dienstbarkeit* (→*Dienstbarkeit, beschränkte persönliche*), bei der der Berechtigte das Recht erhält, ein Gebäude oder einen Teil eines Gebäudes unter Ausschluss des →*Eigentümer*s als Wohnung zu nutzen, vgl. § 1093 BGB.
Andere Bezeichnung: →*Wohnrecht*.

Wucher
Unterfall der →*Sittenwidrigkeit*. Liegt vor, wenn jemand unter Ausbeutung der Zwangslage, der Unerfahrenheit, des Mangels an Urteilsvermögen oder der erheblichen Willensschwäche eines anderen sich oder einem Dritten für eine →*Leistung* Vermögensvorteile versprechen oder gewähren lässt, die in einem auffälligen Missverhältnis zu der →*Leistung* stehen, vgl. § 138 Abs. 2 BGB.

Z

Zahlungsort
→*Erfüllungsort* einer →*Geldschuld*, vgl. § 270 BGB.

Zedent
→*Gläubiger*, der seine →*Forderung* an einen neuen →*Gläubiger*, den →*Zessionar*, überträgt.
Andere Bezeichnung: →*Abtretender*.
Siehe dazu auch →*Abtretung*.

Zeitbestimmung
Die einem →*Rechtsgeschäft* beigefügte Bestimmung, nach der die Rechtswirkungen zu einem bestimmten Zeitpunkt eintreten oder enden sollen, vgl. § 163 BGB.

Zeitmietvertrag →*Mietvertrag* über einen bestimmten Zeitraum.
Andere Bezeichnung: →*Mietvertrag, befristeter.*

Zerrüttungsprinzip Besagt, dass eine →*Ehe* grundsätzlich nur geschieden werden kann, wenn sie gescheitert ist, vgl. § 1565 Abs. 1 S. 1 BGB.
Siehe →*Ehe, Scheitern der.*

Zession Siehe →*Abtretung.*

Zessionar →*Gläubiger,* der eine →*Forderung* von dem bisherigen →*Gläubiger,* dem →*Zeden*ten, übertragen bekommt.
Andere Bezeichnungen: →*Abtretungsempfänger;* →*Neugläubiger.*
Siehe dazu auch →*Abtretung.*

Zeugnis 1. Siehe →*Dienstzeugnis.*
2. Siehe →*Arbeitszeugnis.*

Zinssatz, gesetzlicher In § 246 BGB festgelegter Zinssatz, der dann gilt, wenn nicht ein anderes bestimmt ist.

Zivilehe Bezeichnung der →*Ehe* als Rechtsinstitut des bürgerlichen Rechts in Abgrenzung zur kirchlich geschlossenen →*Ehe.*

Zivilprozessordnung Die für den Zivilprozess maßgebliche Verfahrensordnung.

Zivilrecht Siehe →*Privatrecht.*

ZPO Abkürzung für →*Zivilprozessordnung.*

Zubehör Bewegliche →*Sach*en (→*Sache, bewegliche*), die ohne Bestandteil (→*Sache, Bestandteil einer)* der Hauptsache zu sein, dem wirtschaftlichen Zwecke der Hauptsache zu dienen bestimmt sind und zu ihr in einem dieser Bestimmung entsprechenden räumlichen Verhältnis steht. Eine →*Sache* ist nicht Zubehör, wenn sie im Verkehr nicht als Zubehör angesehen wird, vgl. § 97 Abs. 1 BGB.

Zufall Ein weder vom →*Schuldner* noch vom →*Gläubiger* zu vertretendes Ereignis.

Zufallsbedingung →*Bedingung*, bei der die Rechtswirksamkeit von einem vom Willen der Vertragsparteien unabhängigen Ereignis abhängen soll.

Zugang einer Willenserklärung Siehe →*Willenserklärung, Zugang einer.*

Zugewinn Der Betrag, um den das →*Endvermögen* eines Ehegatten sein →*Anfangsvermögen* übersteigt, vgl. § 1373 BGB.

Zugewinnausgleich Aufteilung des in der →*Ehe* erworbenen Vermögens bei Beendigung der →*Ehe* (→*Ehe, Beendigung der*) durch →*Tod* oder →*Scheidung.*

Zugewinngemeinschaft →*Güterstand*, bei dem das Vermögen des Mannes und das Vermögen der Frau nicht gemeinschaftliches Vermögen der Ehegatten werden. Der →*Zugewinn*, den die Ehegatten in der →*Ehe* erzielen, wird jedoch ausgeglichen, wenn die Zugewinngemeinschaft endet, vgl. § 1363 Abs. 2 BGB.

Zug-um-Zug-Leistung Hier sind der →*Gläubiger* und der →*Schuldner* eines →*Schuldverhältnisses* jeweils nur dann zur Erbringung der von ihnen geschuldeten →*Leistung* verpflichtet, wenn auch die Gegenseite das ihrerseits Erforderliche getan hat.

Zurückbehaltungsrecht Recht des →*Schuldners* gegenüber dem →*Gläubiger*, die ihm obliegende →*Leistung* so lange zu verweigern, bis sein Vertragspartner eine ihm, dem →*Schuldner*, gegenüber bestehende Verpflichtung erfüllt hat.

Zusatzpflichtteil Siehe →*Pflichtteilsrestanspruch.*

Zuschlag Bei einer →*Versteigerung* die →*Annahme* des Höchstgebots durch den Versteigerer, vgl. § 156 BGB.

Zustandsstörer (§ 1004 BGB) Derjenige, der die Beeinträchtigung zwar nicht verursacht hat, durch dessen maßgebenden Willen der beeinträchtigende Zustand aber aufrechterhalten wird.

Zustellung Bekanntgabe eines Schriftstücks an einen bestimmten Adressaten in einer bestimmten gesetzlich vorgeschriebenen Form, die beurkundet wird.

Zustimmung Einverständniserklärung zu einem →*Rechtsgeschäft*, das ein anderer vornehmen wird oder vorgenommen hat. Die vorherige Zustimmung wird als →*Einwilligung* (vgl. § 183 BGB), die nachträgliche als →*Genehmigung* (vgl. § 184 Abs. 1 BGB) bezeichnet.

Zuwendung Hingabe eines Vermögensvorteils zugunsten einer anderen →*Person*.

Zuwendung, ehebedingte Siehe: →*Zuwendung, ehebezogene*.

Zuwendung, ehebezogene →*Zuwendung* eines Ehegatten an den anderen, die im Vertrauen auf den Fortbestand der →*Ehe* bewirkt wird und die der Verwirklichung der ehelichen Lebensgemeinschaft (→*Lebensgemeinschaft, eheliche*) dienen soll.
Andere Bezeichnung: →*Zuwendung, ehebedingte*.

Zuweniglieferung Siehe →*Mankolieferung*.

Zweckerreichung Liegt vor, wenn der geschuldete Erfolg nicht durch den →*Schuldner* herbeigeführt werden kann, weil er schon auf andere Art eingetreten ist.

Zweckfortfall Liegt vor, wenn der →*Schuldner* die →*Leistungshandlung* zwar erbringen könnte, aber das Objekt weggefallen ist, an dem die geschuldete →*Leistung* erbracht werden soll.

Zweckvermächtnis Liegt vor, wenn der →*Erblasser* bei der Anordnung eines →*Vermächtnis*ses festlegt, dass es der Erfüllung eines bestimmten Zwecks dienen soll (z. B. eine Ausbildung finanziell zu ermöglichen). Die Bestimmung der →*Leistung* kann der →*Erblasser* dem billigen Ermessen des Beschwerten (→*Beschwerter*) oder eines Dritten, nicht aber des Bedachten überlassen, vgl. § 2156 BGB.

Zwischenzins Zins für den Zeitraum zwischen der tatsächlichen, vorzeitigen Zahlung bis zu dem späteren Zeitpunkt der →*Fälligkeit*.

Biographie

Prof. Dr. Arnd Diringer lehrt an der Hochschule Ludwigsburg und leitet dort die Forschungsstelle für Arbeitsrecht.

Vor seiner Berufung war er u. a. als Leiter Zentrale Dienste Arbeits- und Tarifrecht einer privaten Klinikgruppe, als Leiter Personal eines Versicherungsunternehmens und als Rechtsanwalt tätig.

Er ist Mitglied im Beirat des Bundesverbands der Arbeitsrechtler in Unternehmen (BVAU e.V.), wissenschaftlicher Mitarbeiter einer Rechtsanwaltskanzlei, Mitinitiator des Expertenforum Arbeitsrecht #EFAR (www.efarbeitsrecht.net) und Autor zahlreicher wissenschaftlicher Veröffentlichungen zum Verfassungs- und Wirtschaftsrecht.

Konsequent prüfungsorientiert.

WWW.BOORBERG.DE

Sachenrecht

von Dr. Christoph Schreiber, Privatdozent an der Friedrich-Alexander-Universität Erlangen-Nürnberg

2018, 7. Auflage, 330 Seiten, € 29,80

Reihe »Rechtswissenschaft heute«

ISBN 978-3-415-06261-0

Leseprobe unter
www.boorberg.de/9783415062610

Die 7. Auflage gibt einen verständlichen Überblick über die Grundstrukturen des Sachenrechts und erleichtert das Verständnis der Zusammenhänge.

Zahlreiche Beispiele verdeutlichen die Probleme und machen die Lösungen einfacher. Schwerpunkt der Darstellung sind die systematischen und leicht verständlichen Ausführungen zu Eigentum und Besitz, zu den unterschiedlichen Sicherungsrechten an beweglichen Sachen und Rechten sowie zum Grundstücksrecht.

Die examensrelevanten Themen hat der Verfasser klar und präzise erläutert. Das vermittelte Detailwissen zu einzelnen Themenbereichen entspricht den Prüfungsanforderungen des Ersten und Zweiten Juristischen Staatsexamens.

BOORBERG

RICHARD BOORBERG VERLAG FAX 0711/7385-100 · 089/4361564
TEL 0711/7385-343 · 089/436000-20 BESTELLUNG@BOORBERG.DE

RA1018

© sk_design / Julien Tromeur - Fotolia
AchSo! einfach kann Jura sein.
Winfried Schwabe
Lernen mit Fällen
AchSo!
Allgemeiner Teil des BGB
Materielles Recht & Klausurenlehre
12. Auflage
Musterlösungen im Gutachtenstil
SCHWABE
Allgemeiner Teil des BGB
Materielles Recht
& Klausurenlehre
2018, 12. Auflage,
276 Seiten, € 19,80
ISBN 978-3-415-06350-1
Die Studierenden erlernen anhand der Fälle die Strukturen und die klausurrelevanten materiell-rechtlichen Fragestellungen aus dem Allgemeinen Teil des BGB. Umfassende Lösungsskizzen zum jeweiligen Fall zeigen Schritt für Schritt den materiell-rechtlichen Weg zum Ergebnis auf.
www.achso.de
Jurabücher, lesen und verstehen!
Zu beziehen bei Ihrer Buchhandlung.
RICHARD BOORBERG VERLAG GmbH & Co KG
Stuttgart · München · Hannover · Berlin · Weimar · Dresden